Klaus Kleemann
Udo Nappert

Mit Hunden flüstern – aber richtig
oder
Der Weg deines Hundes in die Freiheit

(Die alternative Hundeausbildung für Anfänger und Fortgeschrittene)

Wenn es einen Weg gibt,
etwas besser zu machen,
finde ihn.

(Thomas Alva Edison)

Mit Hunden flüstern

CONTAKT YOUR DOG

Fotos: Christine Steimer

E-Mail: info@bede-verlag.de, Internet: www.bede-verlag.de

Herstellung / Gestaltung: bede-Verlag / Thomas Pfeffer

bede-Bestellnummer: GB 025
ISBN 3-89860-092-0

Inhalt

Klaus Kleemann mit „Zeus“

Der Anfang

Dieses Buch beschreibt, wie ich die Hunde erziehe,
die mir in meiner Hundeschule anvertraut werden.

Es sind schon viele Bücher über Hundeerziehung geschrieben worden.
Dieses Buch wäre eigentlich überflüssig, böte es nicht etwas grundlegend Neues:

Der Abschied

• von der **traditionellen Hundeerziehung** mit Gebrüll, Gewalt und Strafe

• von der **trieb-ziel-orientierten Hundeerziehung** mit Leckerchen, Bällchen und Klicker.

Was erwartet dich in diesem Buch?

Meine Erziehungsmethode „Contakt your Dog“ beschreibt eine artgerechte Möglichkeit der Hundeerziehung, die sprachliche Missverständnisse ausschließt und bei der das Wort des Herrchens am Ende hundertprozentig gilt. Mein Ziel ist letztlich die Beschreibung einer abgesicherten und seit Jahren in meiner Hundeschule erprobten Ausbildungsmethode, die als Ergebnis dem Hund und dem Menschen mehr Freiheit und ein deutliches Plus an Lebensqualität schenkt.

Der Schauspieler Heinz Rühmann meinte einmal, ein Leben ohne Hund sei möglich; aber sinnlos. Welch paradiesische Lebensqualität eröffnet sich also dann für einen Hundebesitzer, der einen absolut gehorsamen Hund besitzt? Ist das Besitzen eines so treuen Begleiters nicht viel mehr wert, als das Tragen eines wertvollen Ringes oder einer teuren Uhr? Dazu möchte ich mit meinem Buch beitragen.

Hundeerziehung hat in unserer Familie eine fast fünfzigjährige Tradition, die mit unserem Großvater begann und bis heute in der zweiten Generation ununterbrochen weiter besteht. Insofern war unsere Kindheit auch immer ein intensives Leben mit Hunden. Ein Leben ohne Hunde war in unserer Familie nicht vorstellbar. Durch den täglichen Umgang mit Hunden weiß ich, dass Hunde ihre eigene Sprache sprechen. Deshalb ist für mich das Wissen darüber, wie Hunde miteinander kommunizieren, was sie denken und fühlen, der Schlüssel dafür, ihr Verhalten zu verstehen, es zu kontrollieren und mit ihnen zu arbeiten.

In meiner Methode „Contakt your Dog“ habe ich konsequent versucht, nicht nur die Sprache meiner Hunde zu interpretieren; sondern auch mit ihnen artgerecht zu kommunizieren und zu lernen. Den Verlauf und Erfolg der Methode beschreibt mein erziehungswissenschaftlicher Begleiter und Co - Autor dieses Buches, der meine Hundeschule im Frühjahr des Jahres 2003 besuchte:

Udo Nappert mit „Lea“

Ein Traum

„Ein Traum wurde mir Anfang dieses Jahres erfüllt: Meine 1,5 Jahre alte Colliehündin „Lea“ und ich besuchten die Hundeschule von Klaus Kleemann. Das Ausbildungskonzept dieses Fachmannes war für mich so überzeugend, dass ich den langen Weg nach Bielefeld auf mich nahm.

Ein bedeutender Fortschritt zeigte sich schon nach der ersten Lerneinheit: Lea ging wie von Geisterhand geführt mit durchhängender Leine neben mir bei Fuß. Das Geheimnis dieses Erfolges ist seine neuartige Erziehungsmethode „Contakt your Dog“. Mit dieser Methode ist es Klaus Kleemann gelungen, eine klare Sprache zu finden, die unsere Hunde unmissverständlich akzeptieren. Lea lernte einfach dadurch, dass sie verstand, was zu tun war. Bestätigt wurde sie durch ihr richtiges Handeln. Deshalb waren Leckerchen, Lob und Strafe für sie überflüssig.

Inzwischen bin ich Leas „Chef“ geworden. Sie führt die Kommandos „Fuß“, „Hier“, „Sitz“ und „Platz“ perfekt und absolut zuverlässig aus, sodass sie sich in der Regel ohne Hundeleine frei bewegen kann. Meine Familie, Lea und ich haben dadurch mehr Freiheit und Lebensqualität gewonnen. Spaziergänge ohne Leine sind für uns alle eine große Freude geworden.“

! *Auch dein Hund kann lernen, die Grundkommandos „Fuß!“, „Sitz!“, „Platz!“, und „Hier“ zuverlässig auszuführen!*

Der Umgang mit dem Buch

Vom „Sie" zum „Du"

Ich habe mich entschlossen, sie als Leser im folgenden Buchtext an einigen Stellen mit „du" anzusprechen. Unter (Hunde-) Sportlern und Gleichgesinnten ist das eigentlich üblich. Stellen sie sich vor, ein Spieler fragte seinen Mitspieler in einem Fußballspiel: Könnten sie den Elfmeter schießen? – Ich hoffe durch das „du" eine etwas persönlichere Atmosphäre schaffen zu können, die sicherlich hilft, einen „trockenen Sachbuchstil" weitgehend zu vermeiden. Außerdem verspreche ich mir durch die persönliche Ansprache ein besseres Verständnis meiner Methode. Bestimmte wichtige Regeln prägen sich einfach besser ein!

An einigen Stellen verwende ich die Begriffe „Herrchen" und „Chef". Ich denke es versteht sich von selbst, dass ich damit auch gleichzeitig immer das „Frauchen" und die „Chefin" meine, ohne es noch einmal besonders aufzuschreiben. Das wäre langweilig!

Erst lesen, dann ausbilden

Das Buch gliedert sich in zwei große Teile: Der erste Teil ist der theoretische Teil. In ihm erfährst du wichtiges Hintergrundwissen über meine Methode. Dieser Teil gibt dir Auskunft darüber, warum du so und nicht anders mit deinem Hund lernen solltest. Der zweite Teil ist der praktische Teil. Er beschreibt dir das für die Ausbildung deines Hundes erforderliche „Handwerkszeug", die Lerntechniken, Strategien und einzelnen Ausbildungsschritte.

Beide Buchteile sind von gleicher Wichtigkeit. Als Autor empfehle ich deshalb, das Buch zunächst in seiner Gesamtheit zu lesen, bevor mit der Ausbildung des Hundes begonnen wird.

Ich gebe dir vorsorglich diesen Rat, damit du in der Ausbildung deines Hundes unnötige Fehler vermeidest, die du im Nachhinein nur schwer wieder korrigieren kannst. Verschaffe dir also zunächst in Ruhe einen Überblick über:

- **den methodischen Hintergrund**
- **das erforderliche „Handwerkszeug"**
- **die speziellen Methoden und Lerntechniken.**

Wenn du diesen Rat befolgst, wirst du unser „Handwerkszeug" gut einsetzen können und schließlich mit deinem Hund zu einem hervorragenden Ausbildungsergebnis kommen.

Methodenstress mit Leckerli und Trallala

Die Partnerschaft zwischen Mensch und Hund hat eine viele tausend Jahre alte Geschichte, von der noch manches im Dunklen liegt und auf Entdeckung wartet. In letzter Zeit erfahren wir durch die relativ jungen Wissenschaften der Evolutions- und Genforschung, wie auch der Wolfsforschung immer wieder neue und interessante Dinge, die uns in Erstaunen versetzen. Neuere Ergebnisse deuten darauf hin, dass die Entwicklung unseres Hundes vom wilden Tier zum menschlichen Begleiter schon bereits viel früher eingesetzt hat, als wir bisher angenommen haben. Daten von DNA – Analysen deuten darauf hin. So gehen glaubhafte Annahmen davon aus, dass die Häuslichwerdung (Domestikation) unserer Hunde bereits vor ca. 100.000 Jahren begonnen haben soll und nicht erst vor 10.000 Jahren, wie bisher angenommen.

Es ist deshalb nicht verwunderlich, dass kein anderes Haustier eine so enge Gemeinschaft mit dem Menschen eingegangen ist, wie unser Hund. Bemerkenswert in diesem Zusammenhang ist zu wissen, dass DNA – Sequenzen von Menschen und Hunden zu 90% identisch sind! Die grundlegende Bereitschaft unserer Hunde, mit uns Menschen zusammenzuleben, ist genetisch bedingt durch ihr wölfisches Erbe. Wölfe leben in der sozialen Gemeinschaft ihres Rudels. Nur das Leben in der Gemeinschaft sichert ihnen ein dauerhaftes Überleben. Werden Hunde als Welpen oder auch in einer späteren Entwicklungsphase in die menschliche Gemeinschaft aufgenommen, sind sie deshalb auf Grund ihrer genetischen Anlagen problemlos bereit, eine enge soziale Bindung mit uns Menschen einzugehen.

Wie wir wissen, behalten unsere Hunde diese Personenbindung ein Leben lang. Die Bereitschaft unserer Hunde, dauerhaft mit uns zusammen zu bleiben ist gleichzeitig Ausgangspunkt all unserer erzieherischen Arbeit im Hundebereich. Damit wäre ich beim Kernpunkt meines Buches angelangt.

Erziehungsmethoden lösen sowohl im Bereich der Schule unserer Kinder wie auch im Bereich der Hundeerziehung immer wieder heftige Diskussionen aus. Viele geben vor „Experten" zu sein, nur weil sie schon einmal selbst in die Schule gegangen sind. Sie vertreten dabei felsenfest unsinnige Meinungen und verbreiten „Patentrezepte", ohne einen fundierten erziehungswissenschaftlichen Hintergrund zu besitzen. Ein Lied davon kann sicher auch unser Fußballbundestrainer singen, der in den vielen Zeitungen vor dem demnächst stattfindenden Länderspiel schon lesen kann, wie er die Mannschaft aufzustellen hat. Wir alle haben ja schließlich auch einmal Fußball gespielt!

Ähnlich kontrovers wird auch die Diskussion im Bereich der Hundeerziehung geführt. Fast alles ist umstritten: Sollte man seinen Hund antiautoritär erziehen? Bedeutet die Erziehung mit Leckerchen und Klicker die Lösung für all unsere Probleme? Oder müssen wir unseren Hund mit „Dachlatte" und Stachelhalsband erziehen, damit er sich in unsere häusliche Gemeinschaft einfügt? Um diese Fragen zu klären, möchte ich zunächst einige Methoden der Hundeerziehung kurz darstellen und ihre Möglichkeiten und Grenzen aufzeigen.

Mit Stock und Strafe

Wir alle erinnern uns sicher noch an die Anfang des letzten Jahrhunderts in den Familien und Schulen durchgeführte „Rohrstockpädagogik", die du als Leser vielleicht noch kaum, aber unsere Eltern und Großeltern um so mehr erlebt haben. Die damals praktizierte Art der Erziehung ging davon aus, dass der Erzieher (Eltern / Lehrer) im Besitz alles Wissens und aller Macht ist, und dass die Zöglinge (Kinder) gefälligst ohne Widerrede das zu tun haben, was von ihnen verlangt wird. Nichtbefolgung oder Widersetzen wurde umgehend, wenn auch in unterschiedlichen Qualitätsstufen bestraft. In der damaligen Zeit war es in den Familien meist der Vater, der die Strafe auszuführen hatte. Damals wurde sehr oft von den Müttern in der Küche gerufen: „Warte, bis dein Vater nach Hause kommt!

! *Strafe und Schmerz blockieren. Sie verhindern Lernen!*

Abstrafung war also ein legales Mittel. Man wusste es nicht besser! In den Schulen waren Rohrstock, Eckenstehen, Nachsitzen und Strafarbeiten legale Mittel der Erziehung. Wie wir heute wissen sind Methoden dieser Art absolut ungeeignet dauerhafte Verhaltensänderungen zu bewirken; sie sind, um es kurz zu sagen, auch menschenunwürdig! Dass diese Methode nur Scheinerfolge bewirken kann wird bei näherer Betrachtung deutlich.
Botschaft dieser Erziehungsmethode ist ausschließlich Angst vor Strafe und bösen Folgen. Du kennst sicher noch den allgegenwärtigen Spruch aus dieser Zeit, der Kindern immer wieder gesagt wurde: Wer nicht hören will, muss fühlen!

- Wenn Kaspar im Struwwelpeter seinen Teller nicht leer aß, wurde er immer dünner und musste schließlich sterben.
- Wenn Paulinchen mit Streichhölzern spielte, musste sie verbrennen.
- Wenn Konrad das Daumenlutschen nicht einstellte, wurden ihm beide Daumen abgeschnitten.

Natürlich kam diese Methode schnell zu einem gewünschten Ergebnis. Aber dieses Ergebnis war meist nur so lange beobachtbar, wie auch die Lehrer oder Eltern in der Nähe waren. Sobald zum Beispiel ein Lehrer die Klasse verlassen hatte, gingen die Kinder wieder über Tische und Bänke. Trotz drohender Strafen wurden von den Kindern all die Dinge getan, die verboten waren, nur heimlich!
Insgesamt betrachtet hat sich die Verwendung von Strafe als dominantes Erziehungsmittel in der Pädagogik als äußerst problematisch erwiesen. Strafe führt nicht zu einer echten Verhaltensänderung, sondern nur zu einer Unterdrückung des unerwünschten Verhaltens. Das unerwünschte Verhalten wird also nur zeitlich verzögert.

Einsicht ist etwas, das ausschließlich freiwillig geschieht. Ein Kind sieht ein oder sieht nicht ein. Etwas einsehen müssen ist schlecht möglich!

Auswirkungen von Strafe

- Mogeln, Lügen, um der Strafe zu entgehen
- Bietet keine Möglichkeit der Einsicht in das Fehlverhalten
- Verhindert den Aufbau von Vertrauen zwischen Eltern, Lehrern und Kindern
- Führt zu aggressivem und feindseligem Verhalten

Methoden und Folgen der traditionellen Hundeausbildung

Die traditionelle Hundeerziehung hat die Mittel der oben beschrieben „Rohrstockpädagogik“ aufgegriffen und auf die Arbeit mit unseren Hunden übertragen. Man ging davon aus, dass unsere Hunde im Grunde noch wilde Tiere seien, die unter allen Umständen untergeordnet und gebändigt werden müssen. Legales Erziehungsmittel war, wenn unsere Hunde nicht gehorchten - Gewalt, Schock und Schmerz. Das Instrumentarium reichte vom Stachelhalsband über Schläge mit Leine und Stock bis hin zum derben Ruck mit der Hundeleine usw. Damit wurde die Kontrolle über unsere Hunde ausgeübt.

Genauso, wie die „Rohrstockpädagogik“ in Teilen als menschenunwürdig zu bezeichnen ist, muss eine Hundeerziehung die Schmerz und Gewalt als Erziehungsmittel benutzt, natürlich als nicht artgerecht bezeichnet werden!

Hunde, die so erzogen werden, können nicht wirklich lernen, weil Angst und Schmerz das Lernen verhindern. Letztlich scheinen diese Hunde oft nur zu reagieren, um einem drohenden Schmerz auszuweichen. Ebenfalls scheint sich zu bestätigen, dass stark geknechtete Hunde, die durch überzogene Erziehungsmaßnahmen gefügig gemacht wurden, eine viel weniger starke Bindung mit dem Menschen eingehen. Warum sollten sie auch, denn Partnerschaft bedeutet etwas anderes! Sie basiert auf der Grundlage gegenseitigen Vertrauens und nicht der Angst.

Der Begriff der „Strafe“ ist in der Welt der Hunde unbekannt. Hunde korrigieren ihr Verhalten unmittelbar durch Verteidigen oder Nachgeben. Keine Hundemutter schlägt ihr Kind mit der Zeitungsrolle oder schüttelt es im Nackenfell.

Wenn nach dem Grundgesetz die Würde des Menschen unantastbar ist, muss das doch auch für unsere Hunde gelten!

Die traditionelle Hundeerziehung

Intention	Medien	Ergebnis
Geht davon aus, dass Hunde wilde Tiere sind die, wenn sie ihr Verhalten nicht freiwillig ändern, bestraft werden müssen: Bei erwünschtem Verhalten: Verbales Lob / Streicheleinheiten Bei unerwünschtem Verhalten: Bestrafung / Schmerz und Schock Das Herrchen ist nicht Partner; sondern Dompteur.	• Stachel oder Erziehungshalsband • Leinenruck • Schläge mit der Leine oder dem Stock • Werfen nach dem Hund mit Gegenständen	Eine überholte, nicht artgerechte Erziehungsmethode: Sie entspricht nicht dem heutigen erziehungswissenschaftlichen Kenntnisstand. Denn im Schmerz ist kein Lernen möglich. Hunde die so erzogen wurden sind oft schreckhaft und ängstlich. Sie reagieren in kritischen Situationen oft sehr aggressiv, weil sie Angst haben.

Hunde, deren Erziehungsprinzip die Gewalt ist, reagieren auch meist sehr aggressiv. Das gilt auch für uns Menschen. Denn Gewalt erzeugt immer Gegengewalt!

Methoden und Folgen der trieb-ziel-orientierten Hundeerziehung

In den siebziger Jahren fanden die Ergebnisse der Verhaltenspsychologie[1] Eingang in die modernere Hundeerziehung. Man hatte beobachtet, dass Hunde vermehrt Speichel produzierten, wenn ihnen Futter gezeigt wurde. Eine Erkenntnis, die uns selbst nicht fremd ist, wenn wir z.B. den Geruch unserer Lieblingsspeise in der Nase verspüren. Immer dann, wenn den Hunden Futter gebracht wurde, ertönte gleichzeitig eine Glocke. Das hatte nach kurzer Zeit zur Folge, dass die Hunde begannen, auch dann Speichel zu produzieren, wenn sie nur das Läuten der Glocke hörten.

Die Hunde hatten also gelernt, das Glockensignal mit dem Futter in Verbindung zu bringen. Damit war der Begriff der **Konditionierung** geboren. Weitere Forschungen führten zu dem Ergebnis, dass Hunde und auch andere Tiere Verhalten immer dann besonders gern wiederholen, wenn das Ergebnis des Verhaltens zu einer positiven Konsequenz führt. Wir kennen das von unseren Hunden: Wenn Bello „Sitz" macht, belohnen wir ihn mit einem Leckerchen. Er wird dieses Verhalten gern wiederholen. Auch bei unseren Kindern wird die Methode der **positiven Verstärkung** angewendet. Wenn dein Kind sein Zimmer aufräumt und dafür gelobt wird, kannst du davon ausgehen, dass dein Kind das wahrscheinlich in Zukunft öfter tun wird.

Heutige Trainingsmethoden in der Hundeerziehung handeln nach dem Prinzip der positiven Verstärkung. Weil sie den Jagd-, Spiel- und Fresstrieb unserer Hunde ausnutzen, bezeichne ich diese Art der Ausbildung als **trieb-ziel-orientierte Hundeerziehung**. Klassische Beispiele dafür sind die **Leckerchenmethode, die Bestätigung mit Spielzeug und das Klickertraining**.

Immer dann, wenn unser Hund eine Handlung richtig ausführt, wird er unmittelbar dafür belohnt. Es versteht sich von selbst, dass unsere Hunde diese Handlungen gern wiederholen, um natürlich möglichst oft Belohnungen zu erhaschen. Uns Menschen geht es da nicht viel anders. Denn Belohnungen fördern die Motivation und spornen zu weiterem Lernen und Arbeiten an. So stellt sich bei unseren Hunden meist auch sehr schnell ein gewünschter Trainingserfolg ein. Unsere Hunde lernen: Wenn ich mich so verhalte, wie mein Herrchen es wünscht, bekomme ich auch ein Leckerchen, Lob oder Spielzeug. Unerwünschtes Verhalten wird von uns nicht beachtet und im Gegensatz zur traditionellen Hundeausbildung auch nicht bestraft. Unser Hund erhält in diesem Fall also keine Belohnung. Da unser Hund nicht belohnt wird, stellt sich auch meist nach einiger Zeit sein unerwünschtes Verhalten ein.

! ***Positive Verstärkung meint: Folgt auf ein Verhalten ein positives Ereignis, kommt es auch meist zu einer positiven Konsequenz.***

! ***Konditionierung meint Lernen in Abhängigkeit von der Verstärkung, die ein Tier für sein Verhalten erhält.***

[1] Hauptvertreter dieser Richtung war I. Petrowitsch Pawlow, der zum Ende des 19. Jahrhunderts die Grundlagen der Verhaltensforschung legte. B. Frederic Skinner führte in den fünfziger Jahren des 20. Jahrhunderts die Untersuchungen fort und prägte den Begriff der „Operanten Konditionierung".

Die trieb-ziel-orientierte Hundeerziehung

Intention	Medien	Möglichkeiten / Grenzen
Benutzt den Jagd-, Spiel- und Fresstrieb unserer Hunde: Bei erwünschtem Verhalten: Belohnung durch Leckerchen oder Hundespielzeug Bei unerwünschtem Verhalten: Keine Belohnung / Verhalten wird ignoriert Das Herrchen ist kein echter „Chef“; sondern „Leckerchenautomat“	• Kleine Behälter mit unterschiedlichen Leckerchen • Spielzeuge, die der Hund liebt • Klicker als akustisches Medium	Führt sehr schnell zu Erfolgen und ist sehr effektiv einsetzbar in der Wildtierdressur. Führt in der Hundeerziehung meist nur zu Scheinerfolgen: Das Verhalten der Hunde zeigt sich eher zufällig und ist in keiner Weise abgesichert.

So weit die Theorie. In der Praxis, das heißt in meiner Hundeschule, habe ich täglich mit Hunden zu tun, die nach triebbezogenen Methoden ausgebildet wurden. Wenn mir diese Hunde vorgestellt werden, ist die Argumentation der Hundebesitzer immer wieder gleich.

Was Hundebesitzer häufig sagen

„Eigentlich läuft mein Hund immer bei Fuß; aber wenn ein Jogger kommt, jagt er lieber den Jogger. Oder: Eigentlich macht mein Hund immer „Platz“; aber wenn er ein Kaninchen sieht, läuft er lieber hinter dem Kaninchen her.“ „Ich weiß dann nicht mehr, was ich machen soll. Jogger reagieren dann natürlich sauer und ich habe Angst davor, dass mein Hund beim Ordnungsamt gemeldet wird. Sie wissen, wie unangenehm das nach der neuen Hundeverordnung für mich werden kann. Es reicht ja schon aus, dass sich jemand durch das Verhalten eines Hundes bedroht fühlt, um ihn zum Wesenstest zu schicken. Nach dem Gesetz bin ich für alle Schäden verantwortlich.“

Viele Hundebesitzer machen die Erfahrung, dass ihr Hund in entscheidenden Situationen eben **nicht zuverlässig** gehorcht. Sie kommen zu mir, weil sie am Ende ihrer Möglichkeiten sind und sich nicht mehr zu helfen wissen. Sie können die Spaziergänge mit ihrem Hund nicht mehr genießen, weil sie Angst vor nicht mehr beherrschbaren Situationen haben; aber auch keine dauerhafte Lösung darin sehen, ihren Hund ständig an der Leine zu führen. Teilweise spielen sie mit dem Gedanken, ihren Hund abzugeben, weil sie die Verantwortung nicht mehr tragen können. Diese Hundebesitzer erleben in unangenehmer Weise die Grenzen der triebbezogenen Hundeausbildung.

Die Leckerchenmethode führt meist sehr schnell zu Erfolgen. Diese Erfolge sind aber, wenn man die Ergebnisse etwas näher betrachtet fast nur **Scheinerfolge**. Das wird dir als Leser sehr schnell klar, wenn du die Botschaften untersuchst, die du deinem Hund durch eine triebbezogene Ausbildung vermittelst.

- Will Bello fressen, macht er „Sitz", und er bekommt sein Leckerchen.

- Will Bello fressen, macht er „Platz", und er bekommt sein Leckerchen.

- Will Bello mit dem Ball spielen, geht er „Bei Fuß", und sein Herrchen wirft den Ball.

- Will Bello mit dem Ball spielen, macht er „Komm", und sein Herrchen wirft den Ball. usw.

Zusammengefasst:
Dein Hund handelt nach folgender Regel.

- **Befriedige deinen Trieb!**

Für dich als Hundebesitzer gilt folgende Regel:

- **Gib deinem Hund etwas Besonderes!"**

Dein Hund handelt also absolut regelgerecht, wenn er einen Jogger jagt, denn er hat ja gelernt:

Will Bello einen Jogger jagen, läuft er hinterher, und Bello jagt einen Jogger.

Du erkennst:

- **Bello tut letztlich das, was er will und nicht das, was du als Hundebesitzer für erforderlich hältst. Kurz: Bello nimmt, was er kriegen kann!**

Er macht „Sitz", „Platz" oder „Komm", wenn er fressen oder spielen möchte. Er jagt einen Jogger, Radfahrer, Spaziergänger oder ein Kaninchen, wenn er Lust hat, seinen Jagdtrieb zu befriedigen. Er kümmert sich intensiv um eine läufige Hündin, wenn sein Sexualtrieb im Vordergrund seines Handelns steht.

In diese Situationen kommst du als Hundebesitzer sehr schnell, wenn der momentane Trieb zu spielen, zu jagen oder sich sexuell zu betätigen größer ist, als der Trieb ein Leckerchen oder auch verbales Lob zu bekommen. Die Probleme werden natürlich um so größer, je triebstärker und dominanter dein Hund veranlagt ist. Um so schneller wirst du das Versagen der triebbezogenen Hundeausbildung erfahren. Manche Hundebesitzer kommen aber auch gar nicht an diese Grenze, weil sie einen Hund besitzen, der einfach gern gehorcht. Das sind allerdings Ausnahmen.

Triebbezogene Ausbildungsmethoden haben natürlich ihre Berechtigung. Sie sind ausreichend und erfolgreich durchzuführen, vor allem in der Wildtierdressur. Der große Vorteil der Wildtierdressur ist, dass sie in begrenzten Räumen stattfindet. Sie wird in Käfigen, der Manege oder in Vorführbecken vorgestellt.

Die Tiere haben also keine Möglichkeit der Ablenkung und keine Möglichkeit sich den Wünschen des Dompteurs zu entziehen, im Gegensatz zu unseren Hunden, wenn diese frei umherlaufen.

Wenn etwas in abgegrenzten Räumen passiert, ist das zunächst nicht weiter schlimm, denn die Absicherung erfolgt durch eine Scheibe, ein Gitter oder einen Zaun. Wenn aber etwas im täglichen Freiraum geschieht, trägst du als Hundehalter die volle Verantwortung.

Wildtierdressur findet immer im Schonraum statt, so dass eine triebhafte Ablenkung dadurch weitgehend ausgeschlossen werden kann. Für unsere Hunde ist das natürlich keine Lösung. Sie müssen auch frei umher laufend schwierigste Situationen sicher beherrschen und auf Kommandos zuverlässig reagieren. Das heißt, ihre Ausbildung muss weit über das hinausgehen, was die triebbezogene Ausbildung zu leisten im Stande ist.

Es ist für den Dompteur eine normale und auch unkritische Situation, wenn Leo Löwe einmal keine Lust hat, für sein Leckerchen auf einen Hocker zu springen. Der Dompteur wird sich dann vor dem Publikum verbeugen und erklären: „Leo hat heute keine Lust auf seinen Hocker zu springen." Nach einer Verbeugung des Dompteurs wird das Publikum applaudieren. Damit ist dann die Vorstellung beendet. Du als Hundbesitzer hast natürlich in einer ähnlichen Situation ein großes Problem! Denn wenn dein Hund statt zu dir zu kommen, laut bellend eine Frau mit ihrem Baby anspringt, kannst du der Frau schlecht erklären: „Bello hatte heute keine Lust zu gehorchen!" Deine Vorstellung wird dann nicht beendet sein. Sie geht jetzt erst los!

Die Methode „Contakt your Dog"

Mein methodischer Ansatz

Sowohl die Inhalte, als auch die Methoden der Erziehung sind etwas Lebendiges. Sie verändern sich, wie alles Lebendige sich verändert. Sie unterliegen dem Wandel des Zeitgeistes und werden beeinflusst durch neue gesellschaftliche Anforderungen und durch neue Ergebnisse wissenschaftlicher Forschung.

So war es zum Beispiel am Ende des 19. Jahrhunderts für einen Ingenieur äußerst wichtig, möglichst viele Rechentricks zu beherrschen, um möglichst rasch zu einem Ergebnis zu kommen, um so ein technisches Problem zu lösen. In der Ausbildung nahm die Vermittlung von mathematischen Rechenverfahren einen sehr breiten Raum ein. Das ist heute in dem Maß nicht mehr erforderlich, weil uns die Rechenarbeit durch moderne Computer abgenommen wird. Heute ist es für einen Ingenieur sehr wichtig, technische Probleme so in eine Rechengleichung zu kleiden, dass der Computer in der Lage ist die Rechengleichung zu lösen. Die Kompetenz des Ingenieurs liegt nun darin begründet die Lösungen, die der Computer anbietet so auszuwerten, dass damit das technische Problem möglichst sinnvoll gelöst werden kann.

So wie der Computer unsere Welt verändert hat, sind auch für uns wichtige Erkenntnisse in der Hundeausbildung nicht zu ignorieren. Wir müssen uns heute, besonders unter dem Druck der geltenden Hundeverordnungen fragen, wie wir die Ergebnisse der Ausbildung für unsere Hunde sicherer machen können, nachdem wir feststellen mussten, dass die triebbezogene Hundeausbildung nur unzuverlässige Verhaltensänderungen liefert.

Ausgangspunkt meiner Überlegungen sind die Ergebnisse der neueren **Verhaltensforschung** und der **Wolfsforschung**. Ohne sie dürfte heute eigentlich keine Hundeausbildung mehr stattfinden. Eine moderne Hundeausbildung mit abgesicherten Ergebnissen sollte davon ausgehen, dass der Wolf Stammvater all unserer Hunde ist. Wenn wir das akzeptieren, wird es uns möglich sein, die schwierigen Verhaltenszusammenhänge unserer Hunde zu begreifen. Dabei ist für mich eine gemeinsame Sprache zwischen uns und unseren Hunden der Schlüssel zum Erfolg.

! *Wie können wir mit Hunden sprechen, ohne missverstanden zu werden?*

Richtig flüstern mit deinem Hund

Denn wenn du weißt, wie dein Hund mit dir kommuniziert, kannst du einerseits viel besser verstehen, was er von dir möchte, andererseits kannst du ihm dann auch viel besser verständlich machen, was du von ihm erwartest. Wenn du lernst, artgerecht mit deinem Hund zu „flüstern", vermeidest du große Missverständnisse zwischen deinem Hund und dir. Um das zu lernen, schauen wir uns nun die Sprache etwas genauer an:

Beginnen wir mit den Wölfen. Wölfe haben eine sehr differenzierte Sprache. Die Vorfahren unserer Hunde sind zu Lautäußerungen wie Knurren, Heulen und Winseln etc. fähig, benutzen aber in der Hauptsache eine **nonverbale Sprache**[2], um sich zu verständigen. Wölfe sprechen mit ihrem gesamten Körper. Sie benutzen die **Körpersprache** als Signalsprache. Durch ihre Körperhaltung, der Stellung ihrer Rute und der Mimik ihres Gesichtes teilen sie mit, ob sie friedlich gesonnen oder aggressiv gestimmt sind. Die Dominanz der lautlosen Körpersprache bei den Wölfen wird uns klar, wenn wir uns daran erinnern, dass ein Wolfsrudel nur dann überleben kann, wenn es auch erfolgreich jagt. Benutzte ein Wolfsrudel akustische Signale für die Jagd, würde die Beute schnell vertrieben. Das Rudel müsste verhungern.

Obwohl sich die Sprache der Wölfe und die unserer Hunde im Laufe der vielen tausend Jahre alten Entwicklungsgeschichte anders entwickelt hat, können wir beobachten, dass auch unsere Hunde nonverbal kommunizieren. Auch sie verwenden überwiegend, die in ihren Genen festgelegte Körpersprache. Hunde haben nicht die anatomischen Voraussetzungen zu sprechen. Wir Menschen sind es gewohnt, unsere Bedürfnisse durch gesprochene Wörter und Sätze mitzuteilen. Obwohl wir dabei unsere Botschaft unbewusst auch körpersprachlich, d.h. durch die Haltung unserer Hände, des Kopfes und der Augen usw. unterstützen, ist unser dominantes Kommunikationsmedium die gesprochene Sprache. Menschen kommunizieren verbal. Das ist der Grund dafür, dass wir einerseits verlernt haben, die Körpersprache unserer Hunde wahrzunehmen und andererseits immer wieder versuchen uns mit unseren Hunden in der Menschensprache zu verständigen.

Wenn wir mit einem Welpen in unserer Menschensprache sprechen, kann uns dieses kleine Wesen leider nicht verstehen. Dem Welpen ergeht es so, als würde man mit dir chinesisch sprechen. Die wenigsten von uns können das. Auf der Suche nach einer gemeinsamen Sprache zwischen Hund und Mensch gibt es für uns theoretisch zwei Möglichkeiten:

[2] Die nonverbale Sprache meint eine Sprache ohne Wörter.

Dass unsere Hunde die Menschensprache nicht sprechen können, ist wie oben schon beschrieben aus anatomischen Gründen nicht möglich. Dass wir als Menschen die Lautsprache oder Körpersprache unserer Hunde versuchen zu imitieren, grenzt mit Sicherheit auch an unsere anatomischen Gegebenheiten. Ich denke, du gibst dich der Lächerlichkeit Preis, wenn du versuchst auf dem Hundeplatz oder auf einem Gang in der Stadt zu bellen, zu heulen oder zu winseln wie ein Hund. Ebenso wird es dir nicht gelingen, die Ohren nach hinten anzulegen.

Auf der Suche nach einer gemeinsamen Verständigungsebene hilft uns die Beobachtung, die wir machen können, wenn wir sehen, wie eine Hundemutter ihre Welpen erzieht. Den Welpen ergeht es in den ersten Wochen und Monaten ihres Hundelebens nicht anders als unseren frisch geborenen Menschenbabys. Unsere Kinder genießen zunächst alle Freiheiten dieser Welt. Ihr Leben wird geprägt durch die Befriedigung menschlicher Grundbedürfnisse. Das ist das Essen, das Schlafen und das Spielen. Mit zunehmendem Alter beginnt dann für unsere Kinder „der Ernst des Lebens“. Es sind die Mütter, die sowohl bei unseren Kindern, als auch bei den Hundewelpen behutsam erste Regeln erzieherischer Art einführen. Jede Mutter, und ich hoffe auch jeder Vater, weiß um die immense Arbeit, die in dieser Lebensphase zu leisten ist. Deshalb ist es für unsere Babys nach einer gewissen Zeit unumgänglich, zu erfahren, dass alles seine Zeit hat. Wenn gestillt wird, wird gestillt und nicht gespielt! Wenn gewickelt wird, wird gewickelt und nicht gestrampelt. Das Beachten von Regeln wird erforderlich, weil auf die Mutter und den Vater noch viele andere Aufgaben warten. Nur so gestaltet sich ein Familienleben in geordneten Bahnen.

Kontakt ist die grundlegende Stufe der Verstängigung.

Auch Welpen genießen in den ersten Wochen ihres Lebens sehr viel Freiraum. Sie werden von der Hundemutter gesäugt, schlafen noch sehr viel und beginnen mit zunehmendem Alter zu spielen und ihre nähere Umgebung zu erkunden. Für kleine Welpen sind alle Dinge neu. Deshalb probieren sie auch alles aus. Die Regeln der Rangordnung sind ihnen noch fremd. Hundemutter und Hundevater nehmen zunächst Regelverstöße arglos hin. Mit fortschreitendem Alter werden die Welpen dann insbesondere von der Hundemutter in die Spielregeln des Rudels eingewiesen. Beobachtet wurde, dass Hundemütter dabei taktile Kommandos[3] als sprachliche Ebene verwenden. Hundemütter machen **KONTAKT** an sensiblen Körperstellen ihrer Welpen.

Die Sprache der Hundemütter:
Schnauzengriff in unterschiedlicher Intensität
- ***Ignorieren / Weggehen***
- ***Auf den Boden drücken***
- ***Mit der Schnauze wegschieben***

Wenn Welpen die Regeln nicht beachten, werden sie von der Hundemutter **„Über – den – Fang – gebissen“**, mit dem Fang der Hundemutter **auf den Boden gedrückt** oder **mit der Schnauze weggeschoben** usw.. Das alles geschieht natürlich völlig unblutig und mit Beißhemmung. Je nach Art des Fehlverhaltens führt die Hundemutter die Erziehungsmaßnahmen in unterschiedlicher Intensität aus. In der Regel wirkt sie dabei nur ganz sensibel ein. Die Wirkung ist für die Welpen schmerzfrei, aber unangenehm, Sie wird sofort verstanden, weil die Stimulation der Hundemutter **unmittelbar auf das Fehlverhalten** erfolgt. Kontaktkommandos dieser Art zeigen bei den Welpen eine tiefe nachhaltige Wirkung und führen zu großem Respektverhalten vor der „Chefin“ oder dem „Chef“.

Nicht verwendet als Kontaktkommando wird von den Hundemüttern das oft in der Hundeerziehung propagierte „Nackenschütteln“. Es wird ausschließlich verwendet, um eine Beute totzuschütteln.

Zusammenfassung:
- ***Hundemütter sind keine „Leckerli – Automaten“***
- ***Hundemütter kommunizieren ohne Worte***
- ***Hundemütter erziehen mit Hilfe von Kontakt***

[3] Taktile Kommandos sind Stimulationen auf den Körper durch Berührung oder Kontakt. Ich verwende nachfolgend den Begriff „Kontaktkommando“

Wie du erkennen kannst, bleibt uns eigentlich keine andere Wahl! Hundemütter sprechen nicht mit Worten und verteilen auch keine Leckerchen. Wenn du mit deinem Hund verständlich und artgerecht „flüstern" möchtest, ist das eigentlich nur mit Hilfe von Kontaktkommandos möglich. Es versteht sich dabei von selbst, dass du dabei nicht den „Schnauzengriff" verwenden kannst. Denn das wäre nicht artgerecht für uns Menschen. Ich werde im weiteren Verlauf des Buches beschreiben, wie du durch sensiblen Körperkontakt deinem Hund zweifelsfrei mitteilen kannst, was du von ihm möchtest. Da für mich der Begriff „Kontakt" Schlüssel für eine gemeinsame Sprache zwischen Hund und Mensch ist, habe ich auch meine Ausbildungsmethode **„Contakt your Dog"** genannt. Um dir einen Überblick über die Methode zu geben, möchte ich dir zunächst fünf Bausteine des Lernens vorstellen, die für uns die Grundlage der Ausbildung darstellen.

Die gemeinsame Sprache zwischen dir und deinem Hund heißt Kontakt. Das Kontaktmittel ist die Kontaktleine.

Die Grundbausteine des Lernens

Erster Grundbaustein: Kontakt

Kontakt - die gemeinsame Ebene der Kommunikation zwischen dir und deinem Hund

Der Kontakt zwischen dir und deinem Hund wird durch eine besondere Leine hergestellt. Ich nenne diese Leine Kontaktleine. Sie wird nicht wie allgemein üblich am Hals deines Hundes befestigt; sondern am Bauch. Wie die Hundemutter durch Körperkontakt bei Fehlverhalten ihrer Welpen sensibel auf diese einwirkt, ist uns dies mit Hilfe der Kontaktleine ebenfalls möglich. Die Kontaktleine als sprachliches Medium gibt dir die Möglichkeit artgerecht mit deinem Hund zu kommunizieren. **Dein Hund wird die lautlose Sprache mit der Kontaktleine sofort verstehen, weil er als Welpe die Sprache dieses Kontaktes schon kennen gelernt hat.** Du kannst beobachten, dass dein Hund ganz schnell auf dich aufmerksam werden wird. Schon nach kurzer Zeit wird es ihm gelingen, diese **Aufmerksamkeit**, auch dauerhaft zu halten. Einem Freund kannst du nur dann etwas erzählen, wenn er dich anschaut und dir dabei zuhört. Kinder können in der Schule nur dann etwas lernen, wenn sie bereit sind, dem Lehrer die nötige Aufmerksamkeit zu schenken. Ebenso ist dein Hund auch nur dann aufnahmebereit für ein Kommando, wenn er dir die nötige Aufmerksamkeit schenkt. Aufmerksamkeit ist also Grundvoraussetzung für Verständigung und erfolgreiches Lernen und Arbeiten.

Kontaktkommandos bilden die Sprache, die dein Hund versteht. Der Erfolg des Kontaktes ist die Aufmerksamkeit deines Hundes als Grundvoraussetzung für erfolgreiches Lernen und Arbeiten.

Zweiter Grundbaustein: Respekt

Respekt - dein Weg in die Chefetage

Dein Hund ist ein **Rudeltier**. Genauso wie wir Menschen, sind unsere Hunde Wesen, die einer sozialen Gemeinschaft bedürfen. Auf Grund ihrer genetischen Disposition drängt es sie dazu Teil einer Gemeinschaft zu werden. Zwar sind wir Menschen keine Hunde, bilden aber eine Gemeinschaft, die für unsere Hunde am nächsten erreichbar ist. Hunde schließen sich uns Menschen gern an. Damit sich dein Hund in deiner Familie wohlfühlen kann, benötigt er Orientierung. Er erwartet von dir eine Antwort auf zwei für ihn und für dich wichtige Fragen:

- **Welchen Rang habe ich in deiner/m Familie / Rudel?**
- **Welche Regeln muss ich in unserer Gemeinschaft beachten?**

Von den Antworten, die du deinem Hund auf diese Fragen geben wirst, wird es im wesentlichen abhängen, ob dein Hund dir später zuverlässig gehorchen und ob ein friedliches Zusammenleben in deiner familiären Gemeinschaft möglich wird.
Es muss an dieser Stelle ganz deutlich ausgesprochen werden: **Die Strukturen im Rudel sind streng autoritär! Deshalb sind „antiautoritäre" Erziehungsansätze in der Ausbildung deines Hundes weder artgerecht, noch haben sie Aussicht auf nachhaltigen Erfolg.** Da wir uns alle fürsorglich um das Wohl (Gesundheit, Nahrung, Spiel etc.) unserer Vierbeiner bemühen, gehen unautoritäre Erziehungsmethoden nach menschlichem Verständnis davon aus, der Hund müsse sich uns deshalb auch besonders dankbar erweisen. Er schulde uns schon allein auf Grund unserer Fürsorge den nötigen Respekt. Das ist aber ein Trugschluss. Er liegt nicht in der Natur unserer Hunde Dankbarkeit zu zeigen. Alle Handlungen und Verhaltensweisen deines Hundes sind zweckgebunden. Seine Bemühungen dienen letztlich dem Ziel, seine Freiräume innerhalb des Rudels zu erweitern.

Im Gegensatz zu uns Menschen empfinden Hunde als Rudeltiere autoritäres Verhalten als völlig normal. Grenzen und Gesetze sind für sie etwas ganz Natürliches. Auch wir Menschen können ohne Gesetze und Grenzen nicht leben. Freiheit ist ohne Grenzen nicht möglich, denn Freiheit ohne Grenzen bedeutet Chaos und Anarchie! Hunde diskutieren nicht. Sie bilden auch keinen Gesprächskreis, um sich eine Meinung zu bilden. Hunde reagieren in Bruchteilen von Sekunden. Das entspricht ihrer Überlebensstrategie. Ohne einen Rudelführer, der die strengen Regeln des Rudels überwacht, wäre kein Rudel überlebensfähig. Vom Rudelführer geht alle Macht aus. Er erteilt die Anweisungen und erwartet, dass alle seine Kommandos ohne Widerrede ausgeführt werden.

Hunde sind Hunde und keine Menschen. Hunde sollten auch Hunde bleiben. Deshalb ist die Antwort auf die Frage deines Hundes – „Welchen Platz habe ich in der Familie?“ - eindeutig zu beantworten. Dein Hund muss im Sinne eines guten Zusammenlebens in der Familie auf jeden Fall begreifen, dass er in der Rangordnung absolut unter uns Menschen steht. Es bleibt dir also nichts anderes übrig, als deinem Hund zu sagen: „Es kann nur einen geben! – Ich bin der Chef!“

Natürlich bist du nicht einfach Chef. Um das zu werden, musst du zunächst erreichen, dass dein Hund vor dir Respekt bekommt. Der Chef ist immer eine Respektsperson! Sicherlich gibt es Hunde, die sich leicht in die häusliche Gemeinschaft einordnen. Es gibt aber auch viele Artgenossen, die einen ausgeprägt starken Willen haben und nachhaltig darauf bedacht sind, möglichst viel Kontrolle über ihre eigenen Bedürfnisse zu behalten. Deshalb ist es in der Regel erforderlich, für die Position des Chefs hart zu arbeiten. Die Frage, die wir uns deshalb zu stellen haben, muss insofern lauten: **„Wie bekommt mein Hund vor mir Respekt?“**

Menschen haben bedingt durch ihre verbale Sprache vielfältige Ausdrucksmöglichkeiten. Neben einem „ja“ und „nein“ kennen sie auch noch das „vielleicht“, „na ja“ und „entweder – „oder“. Genau diese Sprache kennen Hunde nicht. In Farben ausgedrückt, um es besonders deutlich zu sagen: Hunde kennen ausschließlich schwarz und weiß, aber nicht grau! Diese Schattierung ist ihnen fremd. Ihre Sprache ist eindeutig! Dies ist es doch auch, was wir so ungemein an unseren Hunden schätzen. **Eindeutigkeit** und Ehrlichkeit! Steht dein Hund schwanzwedelnd vor dir, will er dich freundlich begrüßen. Knurrt er mit hochgezogener Oberlippe, so drückt er damit aus, dass er kurz davor steht, anzugreifen. Es gibt viele solcher Beispiele.

So eindeutig wie die Sprache, unserer Hunde ist so eindeutig sind auch ihre Handlungen. Hunde verhalten sich absolut geradlinig. In Sachen **Konsequenz** sind sie uns haushoch überlegen. Sie verfügen über die biologische Gabe, Schwachstellen, das sind unklare Verhältnisse, in kürzester Zeit zu erkennen und zu ihrem eigenen Vorteil zu nutzen.

Diese Fähigkeit war für sie überlebenswichtig, als sie noch in der Wildnis lebten und ist auch noch heute uneingeschränkt vorhanden. Hunde nutzen Schwachstellen in der Familie „gewissenlos“ für sich aus. Sie wissen genau, welches Familienmitglied die Gesetze und Regeln der Gemeinschaft streng beachtet, und wer sich leicht durch ein wenig Druck verführen lässt, davon abzuweichen. Ähnlich wie unsere Kinder das tun, wenn sie Oma und Opa um den Finger wickeln. Verhalten wir uns gegenüber unserem Hund inkonsequent, wird er uns das als Schwäche auslegen. Wir werden bald keinen Einfluss mehr auf unseren Hund haben, sein Respekt vor uns als Mensch wird schwinden. Es wird das eintreten, was nicht eintreten darf:

! ***Der Hund wird unser Chef!***

Wenn du also Chef deines Hundes werden willst, musst du dafür sorgen, dass er vor dir Respekt bekommt. Respekt wird dein Hund vor dir haben, wenn dir seine Eigenschaften der Eindeutigkeit und Konsequenz zur Tugend werden. Deshalb solltest du im Umgang mit deinen Hund konsequent folgende Regeln beachten:

!
- ***Benutze eine eindeutige Sprache.***
- ***Gib deinem Hund eindeutige Anweisungen.***
- ***Schaffe eindeutige Regeln.***
- ***Setze eindeutige Grenzen.***
- ***Überwache Regeln und Gesetze konsequent, gestatte möglichst keine Ausnahmen.[4]***

Regelverhalten ist deinem Hund auf Grund seiner genetischen Veranlagung nicht fremd. Im Gegenteil er wird freundlich begrüßen, von dir die nötige Orientierung zu bekommen. Da du derjenige sein wirst, der die Regeln setzt und auf deren Einhaltung besteht, wird dein Hund auch vor dir Respekt bekommen. Du wirst sein Chef und Meister!

! ***Dein Hund hat sich an dir zu orientieren. Du bist der Chef! Kein Chef läuft hinter seinem Mitarbeiter her.***

Falsche Wege:

- ***Chef wirst du nicht mit Gewalt.***
- ***Chef wirst du nicht mit „Bitte, bitte!“***

Die Stufen zur Chefetage

[4] Unsere Hunde haben die „unangenehme“ Eigenschaft, Ausnahmen von der Regel sofort als Regel zu verbuchen. Das Wort Ausnahme ist ihnen fremd. Es ist nicht eindeutig! Einmal bedeutet für sie immer. Beispiel: Einmal Leckerchen vom Tisch – immer Leckerchen vom Tisch.

Dritter Grundbaustein: Spannung und Entspannung

**Spannung und Entspannung-
die Lernmethode für deinen Hund**

„Sitz!", „Platz!", „Fuß!" und „Hier!" sind natürliche Bewegungsabläufe unserer Hunde. Als Kommandos sind sie ihnen allerdings fremd. Ihre Beherrschung ist aber notwendig für ein friedvolles Zusammenleben in der häuslichen Gemeinschaft und Umwelt. Wir haben alle die Erfahrung gemacht, dass unsere vierbeinigen Freunde diese Kommandos nicht freiwillig lernen. Deshalb ist es notwendig an dieser Stelle zu überlegen, wie unsere Hunde lernen, um mit ihnen später die Grundkommandos auch artgerecht einüben zu können.

Beginnen wir bei unseren Kindern. Wir waren alle einmal Kind und wissen deshalb sicher noch gut, wie auf dieser Stufe gelernt wird: Kinder lernen immer dann besonders gut, wenn sie wissen, was gelernt werden soll, und wenn sie zu Beginn der Lernsituation die Möglichkeit haben, Probleme zunächst durch eine Handlung zu lösen. Deshalb ist es zum Beispiel für Kinder sehr wichtig, viele unterschiedliche Materialen zu besitzen um damit spielerisch eigene Lernerfahrungen machen zu können. Kinder der Eingangsklassen lösen Rechenaufgaben durch das Legen von Plättchen. Sie schneiden Buchstaben aus, um den Leselernprozess zu unterstützen und ihre feinmotorischen Fähigkeiten zu verbessern. Lernhandlungen sind für unsere Kinder deshalb die Grundstufe des Lernens.

Auf dieser Stufe lernen auch unsere Hunde. Sie lernen dadurch, dass sie die Handlungen ihrer Mutter, des Vaters, der Alttiere und Geschwister nachmachen, bzw. das vielfältig üben, was ihnen durch ihre Gene mit in ihre Wiege gelegt worden ist. Damit die Welpen auch zu richtigen Ergebnissen gelangen, werden die Lernhandlungen durch ihre Mutter korrigiert. Immer dann, wenn Handlungen nicht richtig sind oder gegen Regeln verstoßen wird, benutzt die Mutter Kontaktkommandos um ihre Kinder wieder auf den richtigen Weg zu leiten.

Was bewirkt der Kontakt als methodisches Erziehungsmittel? Wenn die Hundemutter ihrem Welpen bei Fehlverhalten über den Fang greift, mit der Schnauze zur Seite stupst oder mit den Augen fixiert ist das für das Hundekind zwar unangenehm, aber nicht schmerzhaft. Die Mutter erzeugt bei ihrem Welpen durch den Kontakt eine Art von Spannung, die ihm eindeutig signalisiert: „Da habe ich etwas falsch gemacht, das muss ich in Zukunft vermeiden!" Andererseits bedeutet für den Welpen das Fehlen von Spannung, Entspannung: Ich mache alles richtig. **Das Prinzip von Spannung und Entspannung stellt somit eine natürliche Lernmethode dar, die unsere Hunde sofort verstehen, weil sie diese von ihren Müttern kennen.**

Es ist daher nur logisch, dass wir die methodische Möglichkeit der Spannung und Entspannung nutzen, um unsere Hunde zum richtigen Lernen anzuleiten. Wie geschieht das?

Im Laufe des Trainings wird dein Hund unterschiedliche Aufgabenstellungen zu erledigen haben. Eine Aufgabe zu erfüllen bedeutet für deinen Hund, ein Ziel zu erreichen. Dieses Ziel erreicht er aber meist nicht freiwillig. Du als „Chef“ wirst deshalb in diesem Buch angeleitet werden, in Lernsituation für deinen Hund mit der Kontaktleine oder durch Berührungsimpulse mit der Hand bei Fehlverhalten eine Spannung zu erzeugen, der dein Hund nur dadurch ausweichen kann, dass er seine Aufgabe richtig löst. In der Phase der Spannung wird dein Hund bemerken, dass er ein Problem hat, denn diese Situation ist für ihn nicht besonders angenehm[5]. Er wird deshalb schnell danach suchen eine spannungslose Situation herbeizuführen.

Mit der Zeit wird dein Hund immer sensibler auf das Prinzip von Spannung und Entspannung reagieren, so dass für ihn nur noch ganz schwache Spannungsimpulse erforderlich sind.

Dein Hund weiß nach kurzer Zeit:

- **In der Phase der Spannung habe ich ein Problem. Ich mache etwas falsch.**
- **In der Phase der Entspannung bin ich auf dem richtigen Weg. Ich mache ich alles richtig.**
- **Es macht Freude zu lernen, weil ich den Lösungsweg selber finden kann.**

Der eigentliche Lernprozess für deinen Hund findet in der Phase der Entspannung statt. Es ist die Suche nach dem spannungslosen Zustand, die das Lernen ausmacht. Dein Hund lernt in dieser Phase deshalb besonders erfolgreich, weil er die Möglichkeit hat, den Lösungsweg selbständig zu finden. Durch das sichere Erreichen des Lernziels bestätigt sich dein Hund selber in seinem Handeln. Deshalb sind auch Leckerchen bei dieser Methode überflüssig! Durch ein gezieltes Streichen über seine Flanke kannst du deinen Hund zusätzlich für seinen Lernerfolg bestätigen. Das reicht vollkommen aus.

Hundemütter korrigieren! Sie strafen nicht ab und fügen ihrem Kind in der Regel keine Schmerzen zu. Hundemütter weisen ab, oder verteidigen durch ihre Kontaktsprache.

Weisheit:
Erkläre mir, und ich vergesse.
Zeige mir, und ich erinnere mich.
Lass mich tun, und ich verstehe.
(Konfuzius)

[5] Die Phase der Spannung ist gleichzusetzen mit „positivem Stress“, der ausschließlich das Lernen fördert. Ich möchte an dieser Stelle noch einmal betonen, dass kein Hund in Angst- und Schmerzsituationen lernen kann!

Vierter Grundbaustein: Dosierung

Dosierung - dein Maß der Spannung

Die Ausbildung deines Hundes erfolgt zu einem großen Teil mit Hilfe der Kontaktleine. Diese Leine wirkt äußerst vorsichtig an empfindlichen Körperstellen deines Hundes ein und bewirkt dabei Kommandos. Ein Vorgang, der für deinen Hund nicht außergewöhnlich ist, denn Hundemütter agieren ähnlich.

Stimulationen von Hundemüttern geschehen mit Hilfe von Kommandos ebenfalls an äußerst empfindlichen Körperstellen. Für die Hundemütter hat das den großen Vorteil, dass auch sie mit nur ganz geringer Dosierung stimulieren müssen, um das Verhalten ihres Kindes nachhaltig und auch verständlich zu korrigieren. Die Stimulation einer Hundemutter geschieht immer ganz vorsichtig, aber auch so nachdrücklich, dass ihr Kind auch spürt, wenn es etwas falsch gemacht hat.

Hundemütter müssen den Grad der Dosierung ihrer Stimulationen nicht lernen. Es ist ihnen durch ihre Gene mit in die Wiege gelegt worden.

Auch du wirst später im Verlauf des Trainings mit der Kontaktleine auf deinen Hund stimulierend einwirken. Die Arbeit mit dieser Leine schränkt dabei den Freiraum deines Hundes ein. Das ist erforderlich, damit du das Verhalten deines Hundes auch jederzeit und sicher kontrollieren kannst. Überschreitet dein Hund die gesetzte Grenze, weil er eigene Interessen verfolgen möchte und sich nicht an die Spielregeln hält, wird natürlicherweise die Leinenspannung zunehmen. Wählt dein Hund daraufhin den richtigen Weg, wird die Leinenspannung sofort abnehmen, so dass augenblicklich ein spannungsloser Zustand eintritt.
Dabei versteht es sich von selbst, dass du mit Hilfe der Leine nur so viel Spannung erzeugen darfst, wie gerade nötig ist, damit dein Hund sein Fehlverhalten spürt und er die Möglichkeit findet durch selbsttätiges Lernen den spannungslosen Zustand der Leine zu erreichen.

Es kommt dabei entscheidend auf die Dosierung an!

- **Zu wenig Spannung hat keinen Effekt, weil dein Hund sein Fehlverhalten nicht bemerken wird.**
- **Zu viel Spannung könnte deinem Hund Schmerzen bereiten, so dass er nicht in der Lage ist zu lernen.**
- **Schmerz blockiert das Lernen deines Hundes!**

Denke also bitte daran, dass dein Hund Brutalitäten und Grobheiten nicht versteht. Bei Übertreibung wirst du ganz sicher sein Vertrauen verlieren. Dein Hund wird nichts lernen. Hinsichtlich der Dosierung ist also dein gesamtes Einfühlungsvermögen gefordert! Ich bin aber sicher, dass du das Maß an angemessener Dosierung sehr schnell erlernen wirst.

Der Grad der Dosierung: So viel wie nötig; so wenig wie möglich!

Achte auf die Rute deines Hundes. Solange sie erhoben ist, hast du den Grad der Dosierung richtig gewählt.

Fünfter Grundbaustein: Timing

Timing

Menschliches Handeln wird geprägt durch langes Überlegen und Abwägen. Denn wir sind sehr darauf bedacht, die Auswirkungen unseres Handelns im Vorfeld zu planen und abzuschätzen. In der Regel lässt uns unser Verstand meist nur wenig Raum für Spontanität. Die Planbarkeit unserer Handlungen im Voraus und die Möglichkeit des Vorhersehens von Ergebnissen, auch wenn die Handlungen schon lange Zeit zurückliegen, ist etwas, was uns als Menschen in besonderem Maße auszeichnet.
Im Gegensatz zu uns handeln unsere Hunde auf Grund ihrer Erbanlagen äußerst spontan. Das ist verständlich, denn nur so war es ihnen möglich, in der freien Natur erfolgreich zu jagen und zu überleben. Die Eigenschaft der Spontaneität ist unseren Hunden bis heute erhalten geblieben.

Die Zeit, die dir bleibt - oder -
Die Wahl des richtigen Zeitpunktes
Es ist deshalb für deinen Hund etwas Natürliches, wenn er sich spontan entschließt, einen Jogger zu jagen und erst nach fünf Minuten wieder bei dir erscheint. Dieses „natürliche Verhalten" ist selbstverständlich von uns unerwünscht und erwartet eine Korrektur. Leider ist es dazu jetzt zu spät! Solltest du deinen Hund jetzt korrigieren wollen, machte das keinen Sinn. Denn dein Hund würde die Bestrafung nicht mit seinem Fortlaufen und Joggerjagen in Verbindung bringen können, sondern nur mit seinem Zurückkommen.

Dieser Zusammenhang wird dir verständlich, wenn du dir vorstellst, dass dein Hund von allen seinen Handlungen ein „Foto" anfertigt. Er speichert nicht nur diese Fotos in seinem Gedächtnis ab, sondern zusätzlich auch, ob er dabei eine gute oder schlechte Erfahrung gemacht hat. Dein Hund verknüpft also jede seiner Handlungen mit einer positiven oder negativen Reaktion. Die Zeitspanne, in der dein Hund eine positive oder negative Reaktion mit seiner Handlung verknüpfen kann, ist allerdings äußerst kurz.

So wie ein Foto nur eine Belichtungszeit von ca. einer bis zu einer tausendstel Sekunde hat, kann dein Hund auch nur in dieser kurzen Zeitspanne eine gute oder schlechte Reaktion mit einer Handlung verknüpfen. Je kürzer die Belichtungszeit oder Reizreaktionszeit, von der man in diesem Zusammenhang spricht, desto klarer und eindeutiger ist das Foto, das dein Hund in seinem Gedächtnis speichern und der jeweiligen Erfahrung zuordnen kann.

Um bei unserem Beispiel „Weglaufen und Joggerjagen" zu bleiben, dürfte dir nun verständlich sein, warum eine Verhaltenskorrektur nach einer fünfminütigen Reizreaktionszeit absolut sinnlos ist. Deinem Hund ist es einfach auf Grund seiner biologischen Anlagen nicht möglich, sein Verhalten mit deinem Wunsch nach Gehorsam in Verbindung zu bringen.

Beachte also folgende Regeln:

- **Die Reizreaktionszeit deines Hundes beträgt nur 0,5 bis 1,5 Sekunden.**
- Nur wenn du dieses kurze Zeitfenster beachtest, wird dein Hund in der Lage sein, sein Fehlverhalten mit deiner Korrektur zu verknüpfen und daraus zu lernen.

Damit du innerhalb der Reizreaktionszeit handeln kannst, solltest du lernen, dich wie ein Tennisspieler zu verhalten. Ein erfolgreicher Tennisspieler ist in der Lage, an der Schlägerbewegung seines Gegners die Flugbahn eines Balles im Voraus zu erahnen, will er angemessen darauf reagieren können. Er hätte sonst keine Chance auf einen Return! Deshalb lässt ein Tennisspieler während des Spiels nie den Schläger seines Gegners und den Ball aus dem Auge.

Auch du solltest deshalb als erfolgreicher Trainer deinen Hund bei seiner Arbeit unablässig beobachten. Es wird dir nach einiger Übung sicher gelingen, in deinem Hund zu lesen und sein Verhalten zu erahnen. So wird es dir leicht fallen, den richtigen Zeitpunkt für dein jeweiliges Handeln zu finden.

Timing bedeutet also für dich:

Handle zum richtigen Zeitpunkt!

> ***Unsere Hunde fällen ihre Entscheidungen in Bruchteilen von Sekunden. Längerfristige Planungen sind ihnen fremd.***
>
> ***Dein Hund kennt nur „gut“ oder „schlecht“. Nicht ein „bisschen gut“ oder ein „bisschen schlecht“.***
>
> ***In der Hundeausbildung ist es wichtig vorzudenken; denn nachdenken bedeutet hier zu spät kommen!***

Die fünf Grundbausteine des Lernens

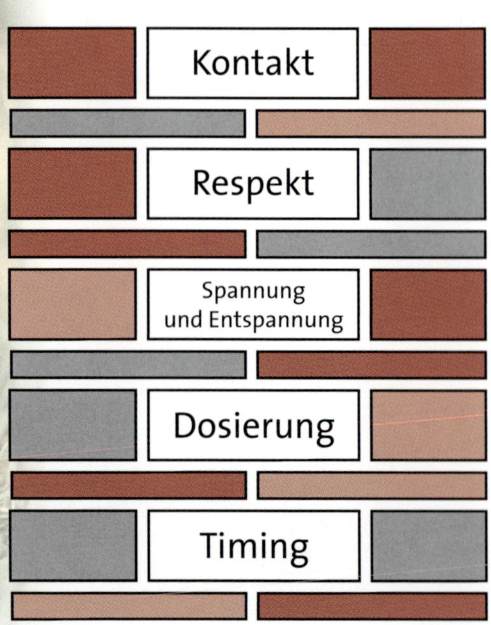

„Contakt your Dog" in der Praxis

Mit den fünf „Grundbausteinen des Lernens" habe ich versucht, dir den **theoretischen Hintergrund** meiner Methode „Contakt your Dog" zu erläutern. Die Kenntnis der Grundbausteine ist sehr wichtig für dich, damit du die einzelnen Schritte des nun folgenden praktischen Teils auch verstehen und sinnvoll umsetzen kannst. Die wichtigsten Prinzipien habe ich deshalb noch einmal zusammengefasst. Ich hoffe du kannst sie dir gut einprägen.

Folgendes solltest du nun wissen:

- **Härte, Strafe und Leckerchen sind keine Mittel deinen Hund artgerecht und zuverlässig zu erziehen.**
- **Dein Hund möchte, dass du sein „Chef" wirst. Er erwartet von dir, dass du ihm alle erforderlichen Regeln vermittelst. Ohne einen „Chef" wird dein Hund seine eigenen Regeln entwickeln und dir nicht zuverlässig gehorchen.**
- **Eindeutiges und konsequentes Handeln, Ermutigung und ruhige Bestätigung ist der richtige Weg, um als geachtete Respektsperson „Chef" deines Hundes zu werden.**
- **Dein Handeln als Reaktion auf das Fehlverhalten deines Hundes ist nur sinnvoll innerhalb einer kurzen Zeitspanne.**
- **Die gemeinsame Sprache zwischen dir und deinem Hund ist die des Kontaktes. Du verständigst dich deshalb mit ihm über Kommandos.**

Die praktischen Übungen werden dir, wenn du sie mit den Methoden anderer Hundeschulen vergleichst, zum Teil recht ungewöhnlich erscheinen. Du wirst aber schnell erkennen, dass sie sich logisch und konsequent aus den dir dargestellten theoretischen Überlegungen ergeben. Du wirst kein lautes Kommando über den Hundeplatz brüllen müssen. Leckerchenbehälter benötigst du nicht mehr. Übungen für „Sitz!" und „Platz!" werden entspannt für dich und deinen Hund auf einem Kontakttisch durchgeführt. Ich hoffe dich damit auf den zweiten Teil des Buches und die damit verbundenen praktischen Übungen recht neugierig gemacht zu haben und wünsche dir für die Übungen mit deinem Hund viel Erfolg.

Kommandos in der Hundeausbildung

Die häufigsten Probleme im Alltag

In meine Hundeschule kommen täglich Kunden, die mir die Probleme ihrer Hunde schildern in der Erwartung, dass ich dafür ein wundersames Patentrezept zur Verfügung habe. Oft ist der Leidensdruck der Hundebesitzer schon so groß, dass eine Lösung meist auch möglichst schnell gefunden werden sollte. Die häufigsten Probleme die mir genannt werden lauten:

- **Mein Hund zieht an der Leine.**
- **Mein Hund beißt in die Leine.**
- **Mein Hund verhält sich gegenüber anderen Hunden aggressiv.**
- **Mein Hund jagt Jogger, Radfahrer und Tiere etc.**
- **Mein Hund schnüffelt dauernd herum und frisst gelegentlich auch Unrat.**
- **Mein Hund läuft weg.**
- **Mein Hund kommt nicht, wenn ich ihn rufe.**
- **Mein Hund pinkelt überall hin.**

Beim Lesen der Liste wird dir sicher das ein oder andere Problem bekannt vorkommen. Es ist allerdings ein Irrtum zu glauben, für jedes Problem gäbe es ein spezielles Rezept, um es abzustellen. Deine Worte: „Du darfst doch nicht weglaufen!" oder „Du sollst doch keine Jogger jagen!", wird dein Hund nicht verstehen. Du weißt, dass Hunde die Sprache des Kontaktes verwenden. Insofern werde ich dir beschreiben, wie du mit Hilfe von „Kommandos" die oben genannten Probleme lösen kannst.

Was bedeutet der Begriff „Kommando"?

Der Begriff Kommando ist dir aus dem Bereich des Militärs und des Computers bekannt und wird in der Hundeausbildung im Sinne von **Anordnung**, **Anweisung oder Aufforderung** verwendet. Kommandos sind also Anweisungen, mit denen du deinem Hund Regeln und Grenzen zuweisen kannst. In der Hundeausbildung sind viele Kommandos gebräuchlich und in Art und Umfang abhängig von den Ausbildungszielen des jeweiligen Hundes. Da die Beherrschung dieser Kommandos die Basis für jegliche Hundeausbildung darstellt, werden diese Kommandos in der Literatur häufig auch als Grundkommandos bezeichnet. Innerhalb der Ausbildung „Contakt your Dog" werden wir den Begriff Kommando oder Kontaktkommando verwenden.

Das Ziel
Das Problem des Weglaufens deines Hundes wird zum Beispiel dadurch gelöst werden können, dass du ihm das Kommando „Fuß!" beibringst. „Fuß!" bedeutet innerhalb unserer Ausbildung: Nur bei Fuß gehen ist erlaubt! - Weglaufen ist verboten! Da dein Hund lernen soll, dieses Kommando absolut zuverlässig auszuführen, wird er auch in Zukunft keine Jogger mehr jagen und auch keine Radfahrer mehr belästigen.

Welche Kommandos soll dein Hund beherrschen?
Bei meiner täglichen Arbeit hat sich gezeigt, dass der Hund dann ein zuverlässiger Begleiter werden wird, wenn es dir gelingt, ihm die Kommandos „Fuß!", „Sitz!", „Platz!" und „Hier!" perfekt zu vermitteln. Die Beherrschung dieser vier Kommandos ist ausreichend, damit du mit deinem Hund die vielfältigen Situationen des Alltags gelassen meistern kannst. Besonders betonen möchte ich an dieser Stelle das Wort „beherrschen". Ein Kommando beherrschen soll für dich bedeuten: Dein Hund führt deine Anweisung - immer – überall und in jeder Situation aus. Dein Kommando gilt so lange, bis du als Chef es aufhebst, oder es durch ein anderes Kommando ersetzt.

Die Kommandos „Fuß!", „Sitz!", „Platz!" und „Hier!" bilden das kleine Einmaleins in der grundlegenden Hundeausbildung.

Warum ist die Beherrschung der Kommandos für dich und deinen Hund so wichtig?
Wie in unserem Leben, hat auch im Leben deines Hundes alles seine Zeit. Er wird lernen müssen, wann es für ihn Zeit ist zu spielen, zu schnüffeln, zu toben, Bällchen zu jagen und sein Geschäft zu verrichten. Andererseits muss er aber auch lernen, deine Anweisungen zuverlässig zu befolgen. Denn im Zeichen der geltenden Landeshundeverordnungen in den unterschiedlichen Bundesländern hat für dich und deinen Hund die Beherrschung der Kommandos an großer Bedeutung gewonnen. In der Regel ist die Aussage eines „Hundefreundes", dein Hund habe ihn bedroht[6], beim Ordnungsamt einer Stadt ausreichend, um dir große Unannehmlichkeiten zu bereiten.

Zusammenfassend kannst du leicht feststellen, dass gut eingeübte Kommandos es dir ermöglichen, die notwendige Kontrolle über deinen Hund auszuüben. Gleichzeitig sind sie aber auch ein sicheres Mittel deinen Hund aus kritischen Situationen zu befreien.

Zwei klassische Beispiele
Dein Hund ist eigentlich ein friedlicher Geselle, hat aber die unangenehme Eigenschaft Radfahrer zu jagen, wenn er die Gelegenheit dazu findet. Es haben sich mit ihm schon oft unangenehme Situationen ergeben. Am liebsten möchtest du deinen Hund gar nicht mehr ohne Leine laufen lassen, weil du nicht mehr weißt, was du tun sollst. Auch auf Leckerchen reagiert dein Hund in solchen Situationen nicht. Jeder Spaziergang mit deinem Hund bedeutet für dich großen Stress.

Beispiel 1
Während eines Spazierganges spielt dein Hund mit seinem Ball auf einer großen Wiese. Du siehst von weitem einen Radfahrer auf euch zukommen. Bisher hat dein Hund allerdings von all dem noch nichts bemerkt, weil er zu sehr mit seinem Bällchen beschäftigt ist. Um die Situa-

[6] Zum Beispiel durch Bellen, Knurren, Anspringen oder Hinterherlaufen etc.

tion nicht eskalieren zu lassen ist es sinnvoll deinem Hund die Anweisung **„Fuß!"** zu geben und zu warten, bis sich der Radfahrer entfernt hat. Als zukünftiger Chef deines Hundes wird er dein Kommando zuverlässig befolgen. Nachdem sich die Situation „entspannt" hat, hebst du dein Kommando wieder auf, damit dein Hund weiterspielen kann.

In dieser Situation hast du deinen Hund mit Hilfe des Kommandos „Fuß!" kontrolliert. Eine schwierige Situation konnte damit gar nicht erst entstehen. Mit dem Kommando „Fuß!" hast du deinem Hund die Regel vermittelt: „Radfahrer jagen ist verboten!"

Beispiel 2
Es könnte natürlich auch passieren, dass dein Hund den Radfahrer vor dir entdeckt hat und laut bellend auf diesen zurennt, in der Absicht, ihn genussvoll zu jagen. Mit dem Kommando „Hier!" Kannst du dich und deinen Hund aus dieser schwierigen Situation retten. Auch diese Anweisung wird dein Hund nach konsequenter Ausbildung sicher befolgen, denn Kommandos gelten immer – überall –und in jeder Situation. Dein Hund wird deshalb zu dir zurückkommen und vor dir „Sitz!" machen. Er hat damit das Kontaktkommando „Hier!" korrekt ausgeführt. Nachdem der Radfahrer vorbeigefahren ist, kannst du deinen Hund wieder zum Spielen freigeben.

Dein Hund hat sich zwar zunächst in einer für dich schwierigen Situation befunden. Allerdings konntest du dich durch das Kommando „Hier!" aus der schwierigen Situation befreien.
So hast du deinem Hund ebenfalls signalisiert: „Das Jagen von Radfahren ist verboten!"

Kommandos ermöglichen Freiheit
Fälle dieser und ähnlicher Art belegen dir ganz deutlich, dass Kommandos kein Instrumentarium sind, um deinen Hund in unangenehmer Weise zu gängeln. Im Gegenteil, sie geben ihm durch die zuverlässige Befolgung die Freiheit zurück, die er benötigt, um mit uns in der menschlichen Gemeinschaft ein zufriedenes Hundeleben führen zu können. Wie sonst, als über die Beherrschung von Kommandos, sollte ein Hund, der Radfahrer jagt oder andere für uns unangenehme Dinge tut, von seinem drohenden Zwang, ständig an der Leine geführt werden zu müssen, bewahrt werden können? Kommandos regeln also den Freiraum deines Hundes, so wie die Regeln des Straßenverkehrs oder all unsere Gesetze uns das friedliche Miteinander ermöglichen. Auch wir Menschen müssen Regeln befolgen. Sie sind der Rahmen unserer Freiheit.

Kommandos auflösen

Bei „Fuß!“, „Sitz!“ und „Platz!“ handelt es sich um Kommandos, bei denen dein Hund Regeln und Vereinbarungen beachten muss. Dem gegenüber steht das Kommando „Lauf!“. Mit diesem Kommando gibst du deinen Hund frei, d.h. du löst damit die Kommandos „Fuß!“, „Sitz!“ und „Platz!“ auf. Das Kommando „Lauf!“ gibt deinem Hund seine benötigte Freiheit wieder zurück!

„Lauf“ Das Kommando der Freiheit

Mit dem Kommando „Lauf!“ hat dein Hund die Möglichkeit, all das zu tun, was ihm vorher verboten war. Er darf nun an der Leine ziehen, schnüffeln und sein „Geschäft“ verrichten etc..Der Wechsel zwischen Gehorsam und Freigabe wird in Zukunft das Zusammenleben zwischen dir und deinem Hund erleichtern:

Wenn dein Hund eine Zeit lang in einer unübersichtlichen Situation „Fuß!“ gegangen ist, kannst du ihn, wenn sich die Situation entspannt hat wieder freigeben. Du bist dann als „Chef“ derjenige, der entscheidet, wie lange das möglich ist. Sollte auf einem Spaziergang einige Zeit später ein Radfahrer kommen, gibst du deinem Hund wieder das Kommando „Fuß!“ oder „Sitz!“. Da dein Hund lernen wird, die Kommandos zuverlässig zu befolgen, kannst du in solchen Situationen demnächst gelassen reagieren.

Wichtig ist, deinem Hund zu vermitteln, dass es für ihn ausschließlich **zwei Situationen** gibt:

1.
Wenn ein Kommando erteilt wurde, ist auch für deinen Hund nur das erlaubt, was das Kommando zulässt. Alles andere ist für deinen Hund verboten.

2.
Nur mit der Freigabe „Lauf!“ darf dein Hund tun, was er möchte.

Damit schaffst du im Sinne von **Eindeutigkeit** die so dringend benötigten klaren Bilder für deinen Hund. Denke daran: dein Hund versteht nur **„schwarz“** und **„weiß“** nicht aber „grau“. „Grau“ vermeidest du durch Konsequenz!

Wie ein Kommando aufgelöst wird.

Die inhaltliche Bedeutung der Freigabe – ich darf tun, was ich möchte - ist deinem Hund bestens bekannt. Er muss das nicht besonders lernen. Die meisten Hunde, die meine Hundeschule besuchen beherrschen ihren Freiraum so ausgezeichnet, dass er für einige Hundebesitzer schon fast zu einem großen Problem geworden ist. Auch die mit der Freigabe verbundene Handlung – dein Hund kann sich von dir entfernen – muss dein Hund nicht besonders trainieren. Denn das hat er schon getan, bevor du mit seiner Ausbildung begonnen hast.

Die strukturierte Freigabe

Was dir bleibt ist seine strukturierte Freigabe, d.h. dein Hund darf sich nur dann von dir entfernen, wenn du es ihm erlaubst. Das Signal für die Freigabe ist ein freundschaftlicher Klapps auf seinen Po, verbunden mit der Aufforderung „Lauf!". Deinem Hund wird es nicht schwerfallen, das Wort mit der Handlung und den Inhalten des Kommandos zu befolgen.

Die stufenweise Freigabe

Innerhalb der Ausbildung „Contakt your Dog" erfolgt die Freigabe deines Hundes auf verschiedenen Stufen. Unser Endziel wird es sein, dass dein Hund ohne Leine zuverlässig alle Kommandos befolgen wird, sodass du ihn auch ohne Leine mit dem Kommando „Lauf!" in seine Freiheit entlassen kannst. Die einzelnen Stufen der Freigabe erläutere ich dir in der Einstiegsphase der einzelnen Kommandos.

Die folgende Tabelle veranschaulicht dir abschließend, welches Verhalten in Abhängigkeit von dem jeweiligen Kommando für deinen Hund erlaubt ist und welches nicht.

Kommando	**Ausschließlich erlaubt**	**Grundsätzlich verboten**
„Fuß!"	Nur „Fuß" gehen ist erlaubt!	Alles ist verboten außer dem jeweiligen Kommando. Beispiele: ziehen an der Leine beißen in die Leine Schnüffeln und Jagen Pinkeln und Fressen Leute anspringen Weglaufen Aufstehen andere Hunde anpöbeln usw.
„Sitz!"	Nur „Sitz!" ist erlaubt.	
„Platz!"	Nur „Platz!" ist erlaubt.	
„Hier!"	Nur „Herkommen!" ist erlaubt.	
„Lauf!"	Alles ist erlaubt	Nichts ist verboten.

In vier Übungsphasen zum Erfolg

Wie werden Kommandos eingeführt?

Für jeden Tennisspieler bedeutet es ein hartes Stück Arbeit, bevor es ihm gelingen wird, eine perfekte Rückhand zu schlagen. Der Bewegungsablauf der Rückhand ist sehr kompliziert und kann nicht in einer einzigen Übung erlernt werden. Es sind für einen Tennisspieler eine Vielzahl von Übungen nötig um diesen Schlag gekonnt auszuführen.

Auch ein Kommando ist zunächst ein sehr komplexer Sachverhalt, den dein Hund nicht in einer einzigen Übung durchschauen kann. Es bedarf vieler kleiner Schritte um am Ende ein Kommando perfekt zu beherrschen. Damit dein Hund nicht überfordert wird, werden Kommandos Schritt für Schritt geführt, ebenfalls ist von dir eine genau zu beachtende Reihenfolge einzuhalten. In der Regel reicht eine Folge von vier Übungsphasen aus bis dein Hund ein Kommando perfekt durchgearbeitet hat.

Erste Übungsphase: Die Einstiegsphase

Einstiegsphase

Das Einüben eines Kommandos beginnt mit der Einstiegsphase. In ihr lernt dein Hund zum ersten Mal die Hilfsmittel kennen, mit denen er das Kommando lernen soll. Ebenfalls erfährt er von dir ohne Worte, ausschließlich über die Sprache des Kontaktes, welches Verhalten du von ihm erwartest. Du beginnst mit ihm, die Lernhandlung zu trainieren. Dein Hund wird das sehr schnell begreifen, weil er die Sprache des Kontaktes versteht.

Ziel der Einstiegsphase ist es, dass dein Hund mit dem Lernmaterial (z.B. der Kontaktleine) vertraut wird und eine erste grobe Vorstellung von der zu erlernenden Handlung bekommt.

Zweite Übungsphase: Die Automatisierungsphase

Automatisierungsphase

In der Automatisierungshase ist von dir so lange mit deinem Hund zu üben, bis er die zu erlernende Handlung perfekt beherrscht, d.h. automatisch richtig macht. Du wirst bemerken, dass dein Hund mit zunehmender Übung eine immer deutlichere Vorstellung von der zu erlernenden Handlung bekommen wird. Du arbeitest in dieser Phase mit deinem Hund ohne Strafe, ohne Worte, ohne Schreien, ohne Lob, ohne Leckerchen und ohne Spielzeug. Dein Hund lernt hoch motiviert, weil er immer mehr bemerkt, dass du sein „Chef" bist, und er sich durch den Erfolg seines Lernens selbst bestätigt. Diese Übungen solltest du mit deinem Hund zunächst im Schonraum durchführen. Idealer Weise suchst du dir dafür eine große Wiese aus. Mit zunehmendem Lernzuwachs erweiterst du das Lernangebot für deinen Hund. Er sollte nun die Möglichkeit bekommen, das bisher Gelernte auch unter Ablenkungsbedingungen zu trainieren. Auf der Wiese sollten nun Bälle und Stöcke in unterschiedlicher Größe, Dosen und auch Plastikkanister usw. liegen. Deinem Hund wird so verständlich gemacht, dass Kommandos, immer – überall – und zu jeder Zeit, ihre Gültigkeit besitzen. Diese Phase ist auch ein weiterer Schritt, um die Zuverlässigkeit deines Hundes zu festigen.

Ziel der Automatisierungsphase ist das perfekte Beherrschen der Lernhandlung ohne Worte,[7] auch dann, wenn deinen Hund interessante andere Reize dazu drängen, das Gegenteil zu tun.

[7] Die Automatisierungsphase ist eine Phase ohne verbale Kommunikation!

Dritte Übungsphase: Die Verknüpfungsphase

Verknüpfungsphase

Die Verknüpfungsphase beginnt, wenn dein Hund in der Lage ist die zuvor trainierte Lernhandlung perfekt auszuführen Er erfährt nun zum ersten Mal von dir, wie das Kommando heißt. Du nennst das Kommando bei seinem Namen[8]. Dein Hund lernt, die bereits automatisierte und verinnerlichte Handlung mit dem Namen des entsprechenden Kommandos zu verknüpfen. In dieser Phase arbeitest du mit deinem Hund so lange, bis er deine verbale Anweisung korrekt und zuverlässig als Handlung ausführt. Dein Hund wird in der Regel diese Verknüpfung sehr schnell begreifen, da er die richtige Handlung ja bereits beherrscht.

Ziel der Verknüpfungsphase ist es, deinem Hund zu vermitteln, auf ein verbales Kommando („Fuß",„Sitz",„Platz" und „Hier") mit der entsprechend eintrainierten Handlung sicher und beständig zu reagieren.

Die Botschaft für deinen Hund lautet: Ich zeige dir, was du tun sollst. Wenn du es perfekt kannst, sage ich dir, wie es heißt.

Vierte Übungsphase: Die Alltagsphase

Alltagsphase

Den Abschluss der perfekten Durcharbeitung eines Kommandos bildet die Alltagsphase. Zwar hat dein Hund schon unter Ablenkungsbedingungen trainiert, dennoch kann ihm eine große Wiese nicht die vielfältigen Ablenkungsmöglichkeiten des Alltags bieten. Insofern wirst du in dieser Phase den Ausbildungsplatz deines Hundes von der bisher heimischen Wiese in das Alltagsgetümmel verlegen. Neuer Ausbildungsplatz kann nun der Wald mit seinen Spazierwegen und abwechslungsreichen Begegnungsmöglichkeiten sein, die Innenstadt zu unterschiedlichen Zeiten, ein Einkaufsbummel, ein Besuch in der Metzgerei etc.. Es gibt für dich und deinen Hund unzählige Möglichkeiten und Anlässe die erlernten Kommandos sinnvoll zu trainieren.

Ziel der Alltagsphase ist es, deinen Hund mit möglichst vielen unterschiedlichen Situationen vertraut zu machen. Durch das Training der Kommandos in diesen Situationen lernt dein Hund einerseits diese Situationen zu beherrschen. Er wird seine Angst vor Neuem und Unbekanntem verlieren. Andererseits wird dein Hund alltagstauglich. Er wird dir ein zuverlässiger Begleiter sein, der in den meisten Situationen souverän reagieren wird.

[8] „Fuß!" oder „Sitz!" oder „Platz!" oder „Hier!"
[9] Berücksichtige sein Alter, sein Lernverhalten und seine bisherigen Vorerfahrungen. (nächste Seite)

Phase	Ziel / Intention
Einstiegsphase	Erstbegegnung mit Lernort, Lernmaterial und Lernhandlung
Automatisierungsphase	Üben ohne Worte bis zur perfekten Beherrschung auf der Handlungsebene auch unter Ablenkungsbedingungen
Verknüpfungsphase	Beherrschung des zu lernenden Kommandos auf der verbalen Ebene
Alltagsphase	Das gelernte Kommando wird Teil seiner Normalität

Erfolgreich üben

Alle Übungsphasen sind gleich wichtig, ihre Dauer ist aber unterschiedlich und abhängig vom Verhalten[9] deines Hundes. Es ist wichtig, dass du die Reihenfolge der Übungsphasen streng beachtest. Denn sie bauen aufeinander auf und verhindern durch die Begrenzung auf ein Ziel, dass du deinen Hund überforderst. Umgekehrt ist durch die Begrenzung die Lernsituation für deinen Hund gut überschaubar. Er wird so schnell Erfolge erzielen die ihn ermutigen gern mit dir weiterzuarbeiten. Eine neue Übungsphase darfst du natürlich erst dann beginnen, wenn die vorhergehende erfolgreich abgeschlossen wurde.

In der Regel kannst du davon ausgehen, dass die Automatisierungsphase am längsten dauert. In dieser Phase benötigst du besonders viel Geduld, Ausdauer und Konsequenz. Beachte, dass die Qualität der Beherrschung eines Kommandos im Wesentlichen davon abhängt, wie erfolgreich du mit deinem Hund in der Phase der Automatisierung gearbeitet hast.

! ***„Was Hänschen nicht lernt, lernt Hans nimmer mehr!“***
Wenn dein Hund ein Kommando nicht gut ausführen sollte, sitzt das „Hänschen“ meist in der 2. Übungsphase. Sie ist wahrscheinlich nicht ausreichend durchgearbeitet worden.

Solltest du mit deinem Hund in irgendeiner Übungsphase Probleme haben, verhalte dich wie ein „Hochspringer“, der für seinen Sprung noch einmal einen neuen Anlauf wählt. Am besten ist es in einer solchen Situation, wenn du mit deinem Hund noch einmal die vorherige Übung durcharbeitest. Mit diesem „Anlauf“ wird er dann die nächste Übungsphase umso leichter schaffen.

Übung macht den Meister!
Tägliches 10-Minutentrainig

Allgemein gilt für die Übungsphasen mit deinem Hund noch heute, was dir damals vor langer Zeit in der Schule als Kind vermittelt wurde: Übung macht den Meister! Eine Übung kann für deinen Hund immer dann erfolgreich beendet werden, wenn das Ziel, das ihm gesetzt wird, auch tatsächlich von ihm erreicht werden kann. Überforderung verhindert sein Lernen! Im Hinblick auf die zeitliche Dauer ist es grundsätzlich besser, wenn du mit deinem Hund an 6 Tagen regelmäßig je 10 Minuten übst, als nur an einem Tag in der Woche 60 Minuten. Die Zeitspanne wäre dann zu groß, so dass dein Hund das Gelernte in der Zwischenzeit wieder vergäße.

Regelmäßige, kurze Übungen sichern den Lernerfolg deines Hundes besser, als eine lange Übung.

Was du abschließend über Kommandos wissen solltest

- **Kommandos sind Regeln, mit denen du deinem Hund sagst, wie er sich in der menschlichen Umgebung verhalten soll.**
- **Kommandos gelten für deinen Hund, immer – überall – und zu jeder Zeit.**
- **Kommandos haben so lange ihre Gültigkeit, bis du sie aufhebst oder durch ein anderes Kommando ersetzt.**
- **Kommandos ermöglichen deinem Hund große Freiräume.[10]**
- **Kommandos werden Schritt für Schritt eingeführt.[11]**
- **Kommandos sollten regelmäßig und in vielen unterschiedlichen Situationen geübt werden.**

Der Ausbildungsweg deines Hundes

Die Inhalte

Der folgende Ausbildungslehrgang beschreibt dir, wie du die vier Kommandos mit deinem Hund in einzelnen kleinen Lernschritten trainieren kannst. Jedes Kommando umfasst eine einzelne Lerneinheit, die wiederum in die vier Übungsphasen unterteilt ist. Das dient der besseren Orientierung und soll verhindern, dass du die Anprüche für deinen Hund zu hoch ansetzt.

Am Anfang einer Lerneinheit beschreibe ich dir zunächst,

- **was das Kommando bedeutet,**
- **warum das Kommando überhaupt Sinn macht und ...**
- **welches Ziel dein Hund am Ende der Lerneinheit erreichen soll.**

Denn nur derjenige, der sein Ziel kennt, kann es am Ende auch erreichen. Das Endziel erreichst du durch das Einüben der Teilziele in den vier folgenden Übungsphasen. Unterbrochen wird diese stete Reihenfolge von einigen speziellen Hinweisen zu besonderen Lernmaterialien und deren Wirkungsweise, speziellen Ausbildungstechniken und von Hinweisen auf den theoretischen Buchteil, sofern sie für das Verständnis an dieser Stelle besonders wichtig sind.

[10] Ein Hund, der die Kommandos beherrscht, muss viel weniger an der Leine laufen.
[11] Vier Übungsphasen führen zum Erfolg.

Die Reihenfolge

Eine Besonderheit der Methode „Contakt your Dog" besteht darin, dass die Kommandos - „Fuß!"- und – „Sitz!", „Platz!", „Steh!" – zeitlich gleichzeitig an unterschiedlichen Lernorten eingeführt werden. Ich habe deshalb das Layout des Buches an dieser Stelle so gestaltet, dass auch die einzelnen Ausbildungsschritte parallel nebeneinander dargestellt werden können. Du findest deshalb auf der linken Seite des Buches alle Ausbildungsschritte, die du für das Kommando „Fuß!" benötigst; parallel dazu auf der rechten Seite die Ausbildungsschritte, die für die Kommandos „Sitz!" – „Platz!" – und „Steh!" - erforderlich sind. Diese vielleicht etwas ungewöhnliche Darstellungsart hat den großen Vorteil, bei der gleichzeiten Vorgehensweise, Schritt für Schritt mit der Ausbildung zu beginnen und auch während der Ausbildung den roten „Faden" nicht zu verlieren.

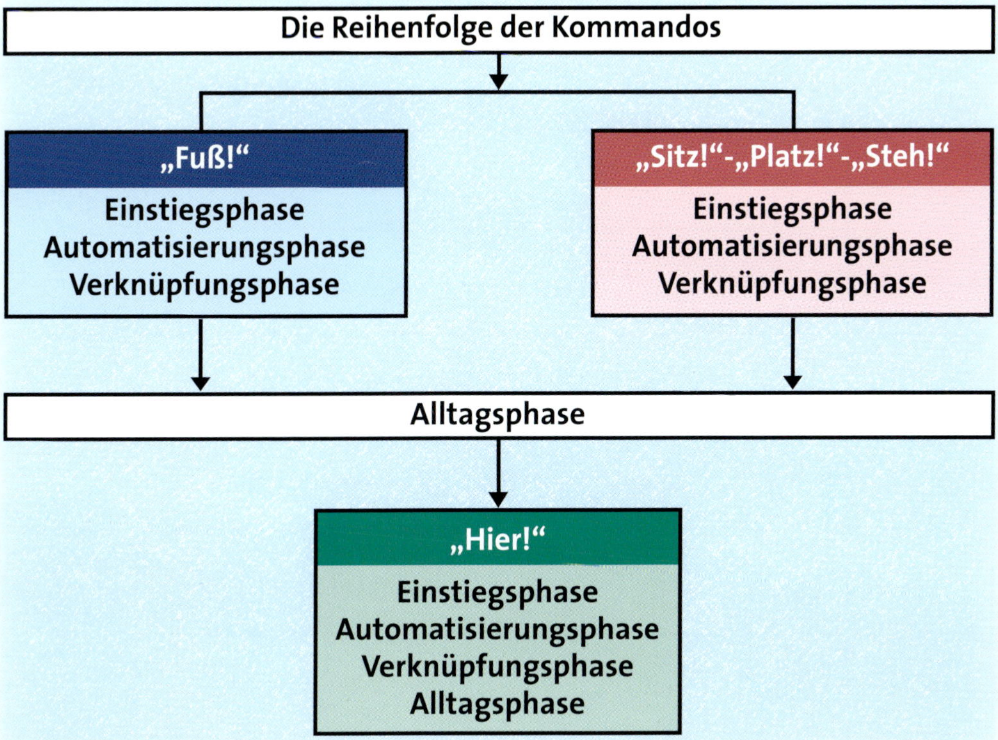

Die Zeit

Du weißt, es gibt im Leben nichts geschenkt! Die Methode „Contakt your Dog" verspricht dir zwar einen gut ausgebildeten Hund, kann dir aber die damit verbundene Anstrengung der Ausbildung nicht erlassen. Deshalb bedeutet Lernen für dich und deinen Hund zunächst Arbeit und Zeit. Die folgende Tabelle vermittelt dir einen ungefähren Überblick über den von dir benötigten Zeitbedarf. Du solltest dich zunächst von der Tabelle nicht erschrecken lassen. Es lohnt sich aber, wenn du mit der Ausbildung deines Hundes begonnen hast, nachzuschauen, wieviel Zeit du in der betreffenden Ausbildungsphase etwa benötigst.

Woche	Kommando			Lernphase	(ca.) Std
1.	„Fuß!“	„Sitz!“, „Platz!“		Einstiegsphase	10
2. bis 5.	„Fuß!“	„Sitz!“, „Platz!“		Automatisierungsphase	40
6. bis 7.	„Fuß!“	„Sitz!“, „Platz!“		Verknüpfungsphase	20
8.	„Fuß!“	„Sitz!“, „Platz!“		Alltagsphase	10
9.	„Hier!“			Einstiegsphase	15
	„Fuß!“ -„Sitz!“, „Platz!“			Wiederholung	
10. bis 11.	„Hier!“			Automatisierungsphase	30
	„Fuß!“	„Sitz!“, „Platz!“		Wiederholung	
12. bis 13.	„Hier!“			Verknüpfungsphase	30
	„Fuß!“	„Sitz!“, „Platz!“		Wiederholung	
14. bis 18.	„Hier!“			Alltagsphase	60
	„Fuß!	„Sitz!“, „Platz!“		Wiederholung	
ab 19.	„Fuß!“	„Sitz!“ „Platz!“	„Hier!“	Wiederholung	5

Die Lerneinheit „Fuß!“

„Fuß!“

Was das Kommando bedeutet und welchen Sinn es hat.

In der Lerneinheit „Fuß“ soll dein Hund lernen, bei „Fuß“ zu gehen. Bei „Fuß“ gehen bedeutet, dass sich dein Hund an deiner linken Seite befindet. Dabei soll sich sein rechter Fuß genau auf der Höhe von deinem linken Fuß befinden. (Bild) Der Abstand zwischen dir und deinem Hund sollte ca. 10 bis 20 cm betragen. Deinem Hund wird in dieser Lerneinheit vermittelt, diese Position beizubehalten, unabhängig davon, ob du langsam oder schnell gehst. Er wird diese Position ebenfalls nicht verlassen, wenn du die Richtung wechselst. Dich also nach links oder rechts bewegst. Der Sinn dieser Übung liegt darin begründet, dass du auf diese Weise die Möglichkeit bekommst, dich mit deinem Hund in Alltagssituationen kontrolliert zu bewegen. Wenn du zum Beispiel mit deinem Hund in der Stadt unterwegs bist, und dein Hund kontrolliert an deiner Seite geht, müssen Fußgänger vor deinem Hund keine Angst haben. Ebenfalls musst auch du nicht die Befürchtung haben, dein Hund könne Schaden anrichten oder irgend jemanden bedrohen. Nicht zu unterschätzen ist die Tatsache, dass für deinen Hund das bei „Fuß“ gehen bedeutet: An der Leine ziehen ist verboten! Ich muss deshalb an dieser Stelle wohl nicht besonders betonen, dass Spaziergänge in Zukunft für dich wohl viel entspannter sein werden.

Was dein Hund am Ende der Lerneinheit können soll:

- **Dein Hund soll lernen, immer, überall und in jeder Situation bei „Fuß“ zu gehen – mit und ohne Hundeleine. Er soll das so lange tun, bis du dieses Kommando durch ein anderes ersetzt. Dein Hund soll das Kommando ausdauernd, ohne weitere Korrektur und ohne Wiederholung des verbalen Befehls ausführen.**

Was für deinen Hund während des Kommandos „Fuß!“ verboten ist:

- **Wenn dein Hund das Kommando „Fuß!“ ausführt, ist natürlich für ihn alles verboten, was die Ausführung des Kommandos beeinträchtigt.[13]**

Die Kontaktleine als Kommunikationsmedium

Du führst das Kommando „Fuß!“ in der Sprache deines Hundes mit Hilfe einer besonderen Leine ein. Wie im theoretischen Teil dieses Buches bereits erwähnt, nenne ich diese Leine Kontaktleine. Sie ermöglicht es dir, mit deinem Hund ohne Worte ausschließlich in der Sprache des Kontaktes zu kommunizieren. Du weißt, dass dein Hund diese Sprache gut versteht. Er wird deshalb schnell begreifen, was er lernen soll. Die Kontaktleine ist also Kommunikationsmedium zwischen dir und deinem Hund. Es ist auch das einzige, was du für die Durcharbeitung des Kommandos „Fuß!“ benötigst. Du brauchst keine Leckerchen und keine Bällchen, ebenfalls kein Würge- oder Stachelhalsband und kein „Trallala“.

[13] Vgl. Tabelle 4: Erlaubt und verboten

Die Lerneinheit „Sitz!“ und „Platz!“

„Sitz“ und „Platz!“

So wie wir Menschen uns hinsetzen, hinlegen oder auch stehen, nimmt unser Hund diese Körperhaltungen auf seine ihm eigene Art ein. Er tut das auch, ohne dass du ihm eine entsprechende Anweisung gibst. Sitz, Platz sind deshalb natürliche Körperhaltungen deines Hundes. Er zeigt sie uns jeden Tag in seinem normalen Bewegungsablauf. Im Gegensatz zum Kommando nimmt er diese Haltungen freiwillig ein.
Er nimmt sie ein, so wie er es in der jeweiligen Situation für angemessen hält. In dieser Lerneinheit geht es für deinen Hund darum, diese Positionen immer dann einzunehmen, sobald du ihm die entsprechende Anweisung erteilst.

Was die Kommandos bedeuten und welchen Sinn sie haben.
Während dein Hund „Fuß!“ als dynamisches Kommando in der Bewegung ausführte, handelt es sich bei „Sitz!“, und „Platz!“ um statische Kommandos. Wenn dein Hund diese Anweisungen ausführt, sitzt oder liegt er auf der Stelle, die du ihm zugewiesen hast. Beim Erlernen der Kommandos „Sitz!“ und „Platz!“ ergibt sich natürlicher Weise ein zusätzliches Kommando – nämlich „Steh!“.
Dieses Kommando muss dein Hund allerdings nur dann erlernen, wenn du ihn auf eine spezielle Prüfung vorbereiten möchtest, die diese Qualifikation von deinem Hund verlangt.

Für dich als normalen Hundehalter ist das nicht erforderlich. Da die vier Kommandos „Fuß!“,„Sitz!“, „Platz! und „Hier!“ alle gangigen Alltagssituationen für deinen Hund gut beherrschbar machen, beschränken wir uns deshalb innerhalb der Ausbildung „Contakt your Dog“ auf die Vermittlung der Kommandos „Sitz!“ und „Platz!“.

Wie beim Kommando „Fuß!“ haben auch die Kommandos „Sitz!“ und „Platz!“ den Sinn, Situationen des täglichen Lebens für dich und deinen Hund überschaubar und kontrollierbar zu gestalten. Als statische Kommandos haben sie die Aufgabe, deinen Hund auf einer Stelle zu fixieren. Gelegenheiten dafür findest du genug:

Denke an einen Spaziergang. Nach einiger Zeit möchtest du dich auf eine Bank setzen. Dabei erteilst du deinem Hund das Kommando „Platz!“. Du wirst dann in Ruhe deine Pause genießen können. Dein Hund in dieser Position signalisiert außerdem den vorbeigehenden Spaziergängern: Vor mir braucht niemand Angst zu haben.

Eventuell begegnest du auch einem Freund oder einer Freundin, mit der du dich ein Weilchen unterhalten möchtest. Auch in dieser Situation ist es sinnvoll deinem Hund das Kommando „Sitz!“ oder „Platz!“ zu erteilen. Die Begegnungssituation stellt sich sofort für dich und dein Gegenüber viel entspannter dar. Du wirst feststellen, wie angenehm es sein kann, wenn dein Hund nicht kläfft, fiept, noch ständig in irgendwelche Richtungen an der Leine zerrt.

Wie die Kontaktleine beschaffen ist?

Die Kontaktleine ist 5 Meter lang und ca. 1,8 bis 2 cm breit. Ihre Stärke beträgt etwa 3 mm. Sie sollte aus **weichem** Kunststoffmaterial gefertigt sein und an ihrem einen Ende einen Karabinerhaken besitzen. Auf ihrer Oberfläche sollten sich keine Nieten und Ösen befinden. Ebenfalls sollte die Leine, wenn du sie durch deine Hand gleiten lässt, keine Reibungshitze entwickeln. Achte auch darauf, dass die Kanten deiner Kontaktleine nicht scharf sind. Ich erwähne all diese Dinge, damit du darauf achtest, dass sich dein Hund nicht verletzen kann. In meiner Hundeschule habe ich mit Kontaktleinen dieser Beschaffenheit in vielen Jahren meiner Praxis beste Erfahrungen gemacht.

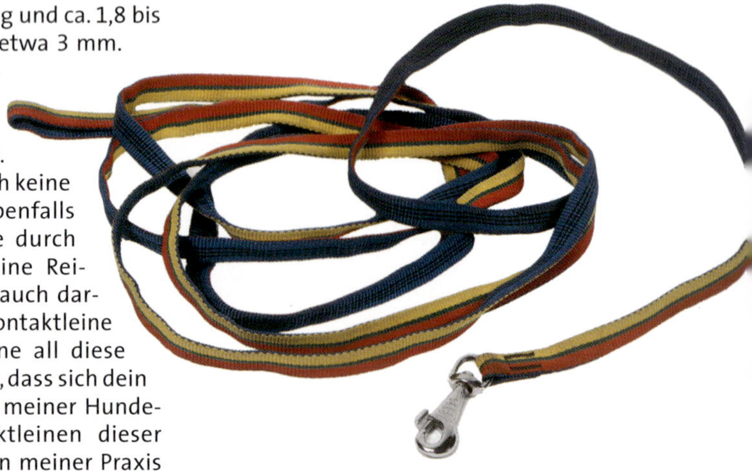

Wie die Kontaktleine angelegt wird.

Die „normalen Leinen“ werden am Hals unseres Hundes befestigt. Du selbst weißt, wie ungestüm dein Hund an dieser Leine ziehen kann, wenn er seinen Trieb befriedigen möchte. Ebenfalls hast du sicher die Erfahrung gemacht, dass ein Leinenruck ihn recht wenig in seinem Vorhaben beeindrucken kann. Unsere Hunde sind am Hals vollkommen abgestumpft. Dieser Körperteil scheidet deshalb für uns als Kontaktstelle der Kommunikation aus.

Die Kontaktleine wird mit dem Karabinerhaken ebenfalls am **festsitzenden** Halsband unseres Hundes befestigt. Dabei sollte sich dein Hund zweckmäßiger Weise an deiner linken Seite befinden. Die weitere Leinenführung **um den Bauch** deines Hundes ist für dich sehr deutlich mit der nun folgenden Bilderfolge beschrieben. Ich glaube, dass in diesem Fall einige Bilder mehr sagen als viele Worte.

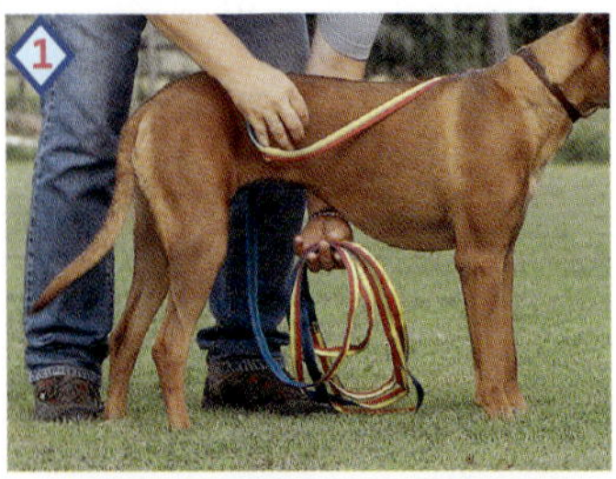

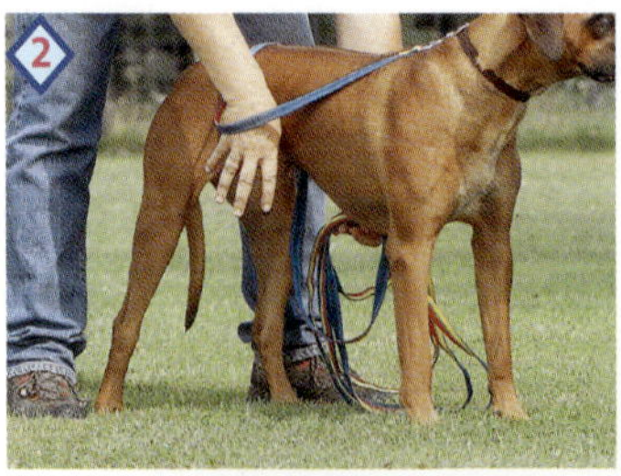

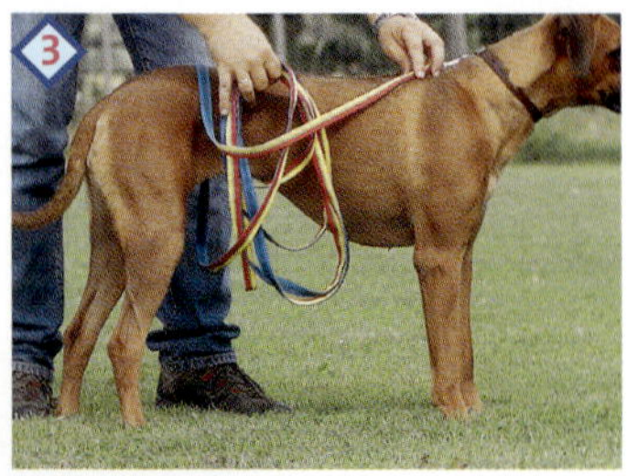

5

Ähnliche Situationen wie oben zu sehen ergeben sich beim Einkaufen oder einem Stadtbummel. Je nach Gelegenheit und Verweildauer erteilst du deinem Hund dabei das Kommando „Sitz! oder „Platz!“. Als Besitzer eines Hundes, der diese Kommandos zuverlässig ausführt, bist du auch mit deinem Hund ein gern gesehener Gast in deinem Lieblingsrestaurant.

Zusammenfassung

- **„Sitz!“ und „Platz!“ sind statische Kommandos. Sie haben die Funktion, deinen Hund auf der ihm zugewiesen Stelle zu fixieren.**
- **Die Ausführung der Kommandos zeigt der Umwelt: Dieser Hund verhält sich kontrolliert, von ihm geht keinerlei Bedrohung aus.**

Was dein Hund am Ende können soll:

- **Am Ende der Lerneinheit soll dein Hund die Kommandos „Sitz!“ und „Platz!“ immer – überall – und in jeder Situation befolgen. Er soll das so lange tun, bis du die Kommandos auflöst oder durch ein anderes ersetzt. Dein Hund soll diese Kommandos ausdauernd befolgen, ohne dass für ihn eine weitere Korrektur erforderlich wird.**

Was für deinen Hund während der Kommandos „Sitz! und „Platz!“ verboten ist:

- **Bei der Befolgung der Kommandos ist für deinen Hund natürlich all das verboten[22], was eine Durchführung der Kommandos behindert.**

[22] vergleiche Tabelle 4: Erlaubt und Verboten

Die Stimulation mit der Kontaktleine

Wie die Kontaktleine wirkt

Um dir zu verdeutlichen, wie die Kontaktleine als Kommunikationsmedium auf deinen Hund wirkt, müssen wir uns zunächst mit der **Wirkungsweise der „normalen Hundeleine“** beschäftigen. Wenn dein Hund an dieser Leine zieht, bemerkt er einen Konflikt[14], der von vorn, d.h. aus seiner Blickrichtung kommt. Diesem Konflikt wendet sich dein Hund natürlicherweise zu. Uns Menschen geht es da nicht anders. Denn wenn dir jemand mit seinem Finger auf die Schulter tippt, wird sich dein Blick ebenfalls spontan diesem Konflikt zuwenden. Je mehr du also an der Leine deines Hundes ziehst, umso mehr wird er versuchen, sich in Richtung des Konfliktes zu bewegen. Durch das Ziehen an der „normalen Hundeleine“ sagst du deinem Hund in der Sprache des Kontaktes: „Stürme weiter nach vorn!“ Im Grunde ermunterst du deinen Hund, obwohl du genau das Gegenteil von ihm möchtest. Ein großes sprachliches Missverständnis, dass wir durch die Kontaktleine beseitigen werden.

[14] Mit Konflikt meine ich den Spannungszustand, ein unangenehmes Gefühl, das Aufmerksamkeit erregt.

Der „Tisch“ als neuer Lerngegenstand und Lernort

Der Tisch als Lernort für deinen Hund wird dich sicher außerordentlich überraschen, denn ein Tisch ist für uns gewöhnlich alles andere als ein Gegenstand der Hundeausbildung. Ich darf dir deshalb an dieser Stelle versichern, das du deinen Hund nicht in die Kulturtechniken des Lesens und Schreibens einweisen sollst. Die Kommandos werden erlernt, indem du zunächst mit deinem Hund auf dem Tisch arbeitest. Wir verwenden in diesem Zusammenhang auch den Begriff „Tischarbeit“ Der Tisch als Lerngegenstand und Lernort für deinen Hund bietet dir viele Vorteile:

Vorteile für dich

„Sitz!“ und „Platz!“ sind als statische Kommandos an einer Stelle zu lernen, sodass du zwangsweise dabei viel auf einer Stelle stehen musst. Ohne einen Tisch musst du dich dabei zusätzlich noch häufig zu deinem Hund hinunterbücken, eine nicht gerade gesunde und schonende Haltung für deinen Rücken einnehmen. Der Tisch ermöglicht dir bei deiner Arbeit mit deinem Hund eine bequeme und schonende Rückenhaltung, einen Zustand, den du nicht unterschätzen solltest. Tischarbeit benötigt viel Zeit, regelmäßige Wiederholung und Ausdauer. Sie besitzt den gleichen Stellenwert der „Fußarbeit“. Leider wird sie manchmal in ihrer Bedeutung von meinen Kunden unterschätzt. Die bequeme Arbeitshaltung an einem Tisch ohne Stress und Rückenprobleme sollte dich deshalb animieren Tischarbeit regelmäßig durchzuführen.

Vorteile für deinen Hund

Auch für deinen Hund ergeben sich durch den Lernort „Tisch“ viele Vorteile. Dadurch, dass du in einer bequemen Körperhaltung mit deinem Hund arbeiten kannst, reagierst du auch viel geduldiger und schaffst so für deinen Hund einen angenehme Lernatmosphäre. Das ist gut, denn in einer stressfreien Situation lernt dein Hund viel besser. Der Tisch erlaubt es dir außerdem mit deinem Hund nach dem Prinzip von Spannung und Entspannung zu arbeiten, so wie es dein Hund gewohnt ist. Wie das mit deinem Hund auf dem Tisch funktioniert, erkläre ich dir etwas später.

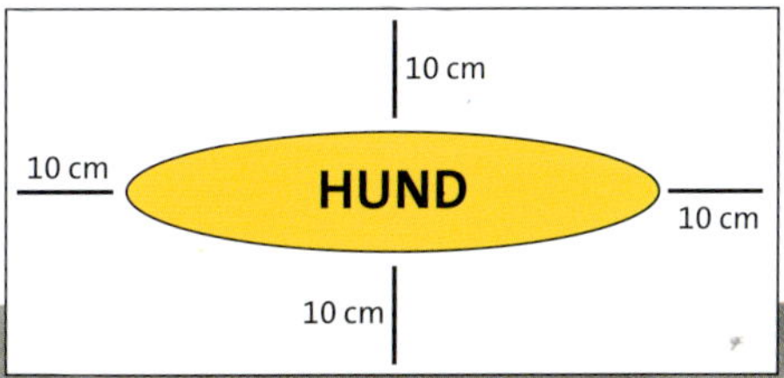

Mit Hunden flüstern - Die Lerneinheit „Fuß"

Die Kontaktleine benutzt als Kontaktstelle den Bauchbereich deines Hundes. In diesem Körperbereich sind unsere Hunde viel empfindlicher als am Hals. Du machst also nichts anderes als eine Hundemutter, die sich als Kontaktstelle der Kommunikation für ihre Welpen bei einem Regelverstoß ein empfindliches Körperteil aussucht. Sie benutzt einen sensiblen Körperteil als Kontaktstelle, um ihren Kindern zu sagen: „Das ist nicht erlaubt!" Die Leinenführung im Bauchbereich hat für uns einen großen Vorteil bei der Lernarbeit. Die Stimulation unseres Hundes an dieser Stelle geschieht nämlich wesentlich intensiver, als wir das beim Ziehen an der „normalen Leine" tun.
Zusätzlich führt das Anlegen der Kontaktleine zu einer Änderung der Konfliktrichtung. Da wir als Kontaktstelle den Bauchbereich gewählt haben, bemerkt deinen Hund den Konflikt von hinten. Er wird sich natürlicher Weise dem Konflikt zuwenden, sich umschauen und dir als „Chef" die nötige Aufmerksamkeit zukommen lassen. Während du deinem Hund durch Ziehen an der „normalen Hundeleine" die Botschaft vermittelst: „Stürme weiter nach vorn!", bedeutet für ihn in der Hundesprache ein Konflikt mit der Kontaktleine: „Halt, was möchte mein „Chef" von mir?"

Die Vorteile der Kontaktleine sind also für dich nicht übersehbar. Sie ist das Kommunikationsmedium zwischen dir und deinem Hund beim Erlernen des Kommandos „Fuß!".

Zusammenfassung

- **Achte auf die Beschaffenheit der Kontaktleine, damit dein Hund sich nicht verletzen kann**
- **Die Kontaktleine ist Kommunikationsmittel zwischen dir und deinem Hund.**
- **Da dein Hund die Sprache des Kontaktes versteht, wird er schnell begreifen, was er lernen soll.**
- **Durch die besondere Leinenführung im Bauchbereich reicht eine minimale Spannung aus.**
- **Da dein Hund den Konflikt, von hinten erfährt, sensibilisiert sich seine Aufmerksamkeit auf dich.**
- **Die Aufmerksamkeit deines Hundes auf dich wird auf Dauer deine Position als „Chef" begründen.**

! ***Arbeite mit der Kontaktleine äußerst behutsam. Der Bauchbereich deines Hundes ist sehr empfindlich! Hundemütter bereiten ihren Kindern keine Schmerzen. Auch du nicht!***

Art der Leine	Konfliktort	Sensibilität	Konfliktrichtung	Botschaft des Kontaktes
Normale Leine	Halsbereich	sehr niedrig	von vorn	Weiterrennen!
Kontakt – Leine	Bauchbereich	sehr hoch	von hinten	Was möchte der „Chef" von mir?

Die Beschaffenheit des Arbeitstisches

Die Höhe und Arbeitsfläche des Tisches ist abhängig von der Größe deines Hundes. Je größer dein Hund ist, desto größer muss auch der Kontakttisch sein und umgekehrt.
Du solltest die Arbeitsfläche so bemessen, dass sie zu jeder Seite etwa 10 cm größer ist als dein Hund. Die Höhe des Kontakttisches solltest du so gestalten, dass die Schulterhöhe deines Hundes in etwa deiner Brusthöhe entspricht, wenn dein Hund auf dem Tisch steht.

Die für den Bau des Kontakttisches erforderlichen Materialien kannst du in jedem Baumarkt für ein paar Euro erwerben. Ich lege dir hinsichtlich deiner handwerklichen Kreativität keine Beschränkungen auf. Es versteht sich, dass du beim Aufbau auf Standfestigkeit und Stabilität achten musst. Gleichzeitig muss das Produkt ein Verletzungsrisiko durch scharfe Kanten und eventueller herausragender Bauteile ausschließen. Achte auf die Rutschfestigkeit der Tischoberfläche. Viele meiner Kunden besorgen sich eine Schaltafel und zwei Unterstellböcke, die sie sich auf die entsprechenden Maße zuschneiden.

Als Standort für den Kontakttisch wählst du zunächst eine gut geschützte Stelle, möglichst eine, die deinem Hund vertraut ist und ihm wenig Ablenkungspotential bietet. Der Standort Garage oder unter einem Dach hat den Vorteil auch bei schlechtem Wetter regelmäßig üben zu können.

Wie dein Hund bei der Tischarbeit nach dem Prinzip von Spannung und Entspannung lernt

Wenn sich dein Hund zum ersten Mal auf dem Kontakttisch befindet ist das zunächst für ihm recht ungewohnt. Er wird sich etwas unsicher fühlen und all seine Sinne mobilisieren, um der unbekannten Situation gewachsen zu sein. Das macht ihn natürlich auch besonders aufnahmefähig. Er wird den Anweisungen, die du ihm in der Kontaktsprache erteilst, auch eine besondere Bedeutung zumessen. Seine zum Lernen nötige Sicherheit wird er in den Kommandos finden, die du ihm als Vertrauensperson gibst. Dein Hund hat ja erfahren: Wenn ich das tue, was mein „Chef“ mir sagt, kann mir nichts passieren! Denke in dieser Situation wieder an das Beispiel mit der Bühne.

Die Verständigungsebene mit deinem Hund ist wieder die ohne Worte. Du benutzt die deinem Hund eindeutige und verständliche Sprache des Kontaktes, eine spezielle Grifftechnik mit deinen Fingern. Die Stimulation mit den Fingern erzeugt bei deinem Hund auch in dieser Lerneinheit wieder den Zustand von Spannung und Entspannung, sodass dein Hund nach dem ihm bekannten Prinzip die Kommandohandlungen sehr schell erlernen wird.

So wie du den Freiraum deines Hundes bei der Arbeit mit der Kontaktleine zunächst auf zwei Meter begrenzt hast, um seine Handlungen kontrollierbarer zu machen und diese abzusichern, schränkt auch die Größe der Arbeitsfläche des Tisches auf natürliche Weise zunächst den Freiraum deines Hundes ein. Die Begrenzung des Freiraumes ist nötig und auch zweckmäßig, damit sich dein Hund von Anfang an an die korrekte Ausführung der Kommandos „Sitz!“ und „Platz!“ gewöhnt:

- **Durch die Begrenztheit der Arbeitsfläche lernt er, die Kommandos auch nur auf dieser Stelle auszuführen. Ein Ausweichen nach nach vorn, nach hinten und zu den Seiten ist ihm nicht möglich.**
- **Die Beschränkung des Platzes zu den Seiten fördert unser Ziel, dass sich dein Hund auch gerade hinsetzt bei „Sitz!“ und gerade hinlegt bei „Platz!“.**
- **Die durch den Kontakttisch bedingte Nähe zu deinem Hund erlaubt dir eine sofortige Korrektur bei Fehlverhalten. Erinnere dich an das kleine Zeitfenster, dass dir hinsichtlich des Timings[23] zur Verfügung steht.**

[23] siehe Seite 29: Timing und Reizreaktionszeit

Die Einstiegsphase

1. Teilziel
Was ist in dieser Phase neu für deinen Hund? Dein Hund soll die Kontaktleine kennenlernen, erste Erfahrungen mit ihr machen und deren Wirkungsweise erfahren. Er soll mit Hilfe der Kontaktsprache erste Strategien entwickeln, um die Spannung der Kontaktleine zu lösen. Auch für dich ist vieles neu. Du wirst lernen, deinem Hund die Kontaktleine anzulegen und mit der Kontaktleine umzugehen. Sicher ist es für dich auch zunächst recht ungewöhnlich nicht mit deinem Hund zu sprechen und auf Leckerchen zu verzichten. Aber du weißt ja: Hunde kommunizieren meist ohne Worte!

Die praktische Arbeit
Für diese Phase, ebenso für die weitere Arbeit mit deinem Hund suchst du dir am besten eine große Wiese aus, auf der du relativ ungestört mit deinem Hund arbeiten kannst. Es sollten möglichst keine ihm bekannten Hunde oder andere Dinge in seiner Nähe sein, die ihn von seinem Lernen ablenken könnten.

Nachdem du ihm die Kontaktleine angelegt hast, gibst du sie zunächst für ca. **2 Meter**[15] frei. In der Regel befindet sich jetzt dein Hund auf deiner linken Seite, die Kontaktleine hängt in einem lockeren Bogen durch. Das Ende der Leine befindet sich in deiner rechten Hand. Für deinen Hund gibt es nun zwei Möglichkeiten: Entweder er entfernt sich von dir, weil er das immer schon so getan hat, oder er bleibt in deiner Nähe stehen. Sollte das der Fall sein, so solltest du dich langsam von ihm entfernen, zweckmäßiger Weise entgegengesetzt zu seiner Blickrichtung.

Der Effekt für deinen Hund wird in beiden Fällen gleich sein: Die Leinenspannung wird allmählich zunehmen. Dein Hund wird die Spannung im Bauchbereich als Konflikt empfinden und sich wie oben schon besprochen dem Konflikt zuwenden. Das ist genau der Moment indem du sofort mit der Kontaktleine nachgeben musst, so dass sie spannungslos ist und wieder einen lockeren Bogen bildet. Dein Hund wird die Entspannung als angenehm empfinden.

Du gehst nun sofort entgegengesetzt seiner Blickrichtung weiter und baust so behutsam wieder eine Leinenspannung auf. Wenn diese erreicht ist, und dein Hund sich dem Konflikt zuwendet, leitest du sofort wieder die Phase der Entspannung ein.

Orientiert sich dein Hund nach rechts, so gehst du nach links. Orientiert sich dein Hund nach links, gehst du nach rechts. Orientiert sich dein Hund nach vorn, gehst du rückwärts.
Will dein Hund schnell gehen, gehst du langsam. Will dein Hund langsam gehen, gehst du schnell. Das Prinzip von „Spannung“ und „Entspannung“ wiederholst du nun so lange, bis dein Hund zu dir kommt, also bei „Fuß“ geht.

[15] Dieser Abstand reicht am Anfang aus. Dein Hund soll sich ja zunächst an die für ihn neue Leinenführung gewöhnen.

Die Einstiegsphase

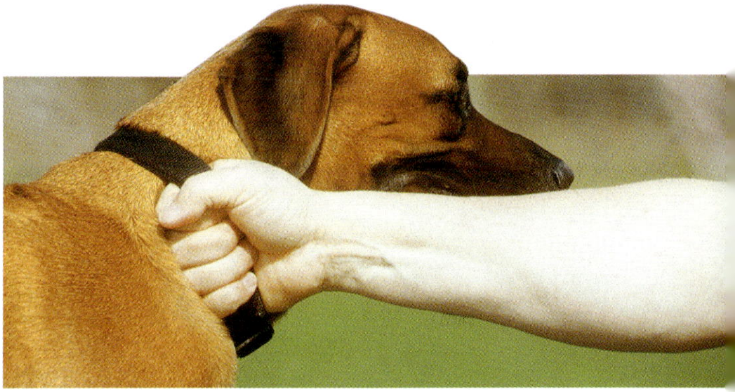

1. Teilziel
Nachdem du dir einen Kontakttisch gebaut und diesen an einer geeigneten Stelle aufgestellt hast, kannst du mit der Tischarbeit beginnen. Ziel dieser ersten Phase ist es, deinen Hund an die neue Arbeitsumgebung zu gewöhnen. Nach dem Prinzip von Spannung und Entspannung soll er lernen, auf die neue Kontakttechnik zu reagieren und erste Handlungsmöglichkeiten zur Lösung seiner Aufgaben zu entwickeln.

Die praktische Arbeit
Bevor du mit der praktischen Arbeit beginnst, solltest du das Halsband deines Hundes überprüfen. Es sollte seinen Hals so fest umschließen, sodass du es noch mit deiner Hand umfassen kannst. Wenn dein Hund auf dem Tisch steht, fixierst du ihn dort, indem du mit deiner linken Hand sein Halsband fest umschießt. Die Fixierung sollte so erfolgen, dass deinem Hund ausschließlich die Bewegungsmöglichkeit hoch und runter, nicht aber die Möglichkeit zu den Seiten, also links oder rechts bleibt. Ebenso sollte er sich auch nicht vor und zurück bewegen können. Zunächst wartest du am besten eine kleine Weile, damit sich dein Hund an seine neue Arbeitsumgebung gewöhnen kann. Dein Griff um sein Halsband gibt ihm dabei die nötige Sicherheit.

Die Kontakttechnik für „Sitz!“
Nun lernt dein Hund eine neue Kontakttechnik kennen, die du mit der rechten Hand ausführst. Du beginnst mit der Einübung des Kommandos „Sitz!“, indem du deinen Daumen und Zeigefinger kurz **oberhalb der Hüftknochen** auf den Rücken deines Hundes legst. Wenn du beide Finger nun leicht zusammendrückst, bildest du damit so etwas wie eine „Kralle“, die deinen Hund stimuliert.

Die Stimulation ist für ihn nicht besonders angenehm. Ähnlich, wie er das mit der Kontaktleine am Bauch erlebt hat. Er möchte die Spannung schnell auflösen. Da dein Hund bereits gelernt hat, wie er auf Stimulationen am besten reagiert, wird er rasch den für ihn richtigen Weg finden. Er macht „Sitz!“. Deine Fixierung mit der linken Hand, die ihm nur die Möglichkeit lässt, sich nach unten zu bewegen wird ihn bei der Lösung seines Problems unterstützen.

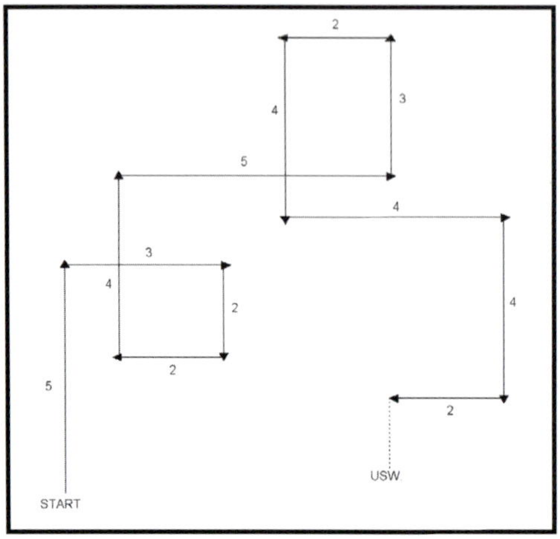

Das obige Laufschema ist ein Beispiel dafür, wie du dir abrupte Richtungswechsel vorstellen musst. Dabei geben dir die Zahlen die Anzahl der möglichen Schritte an die du mit deinem Hund zurücklegen kannst. Abrupte Richtungswechsel solltest du gleitenden Richtungswechseln unbedingt vorziehen. Denn nur durch sie erreichtst du bei deinem Hund die zum Lernen gewünschte Aufmerksamkeit. Variiere sowohl die Richtung, als auch die Anzahl deiner Schritte, damit bei deinem Hund keine Gewöhnung eintritt. Sofort würde seine Aufmerksamkeit nachlassen.

Ich verspreche dir, nach kurzer Zeit wird dein Hund „Fuß“ gehen. Habe aber bitte etwas Geduld. In meiner Praxis habe ich bisher noch keinen Hund erlebt, der das Prinzip von Spannung und Entspannung nicht verstanden hat. Wie in der normalen Schule das eine Kind schnell begreift und das andere etwas langsamer, so sind auch bei unseren Hunden individuelle Unterschiede zu beobachten. Der eine Hund versteht das Prinzip sofort, während ein anderer etwas mehr Zeit benötigt. Denke daran, dass es sensible und weniger sensible Hunde, aber auch angepasste, lernwillige und dominante, eigenwillige Hunde gibt. Ich denke aber, du bist sehr gut in der Lage, deinen Hund entsprechend einzuschätzen, sodass du ihm geduldig die Zeit geben wirst, die er benötigen wird, um erfolgreich seine Kommandos zu lernen.

Die Kontakttechnik für „Platz!“

Die gleiche Kontakttechnik benutzt du, wenn dein Hund „Platz!“ machen soll. In diesem Fall legst du deinen Daumen und Zeigefinger **unterhalb seiner Schulterknochen an**. Du bildest wieder mit Daumen und Zeigefinger eine „Kralle“, indem du die Fingerspitzen leicht zusammendrückst. Dein Hund wird die Spannung auflösen, indem er sich hinlegt, also „Platz!“ macht. Deine Fixierung mit der linken Hand, die ihm als Freiheitsgrad ausschließlich die Möglichkeit lässt, sich nach unten zu bewegen wird ihm bei der Lösung des Problems helfen.

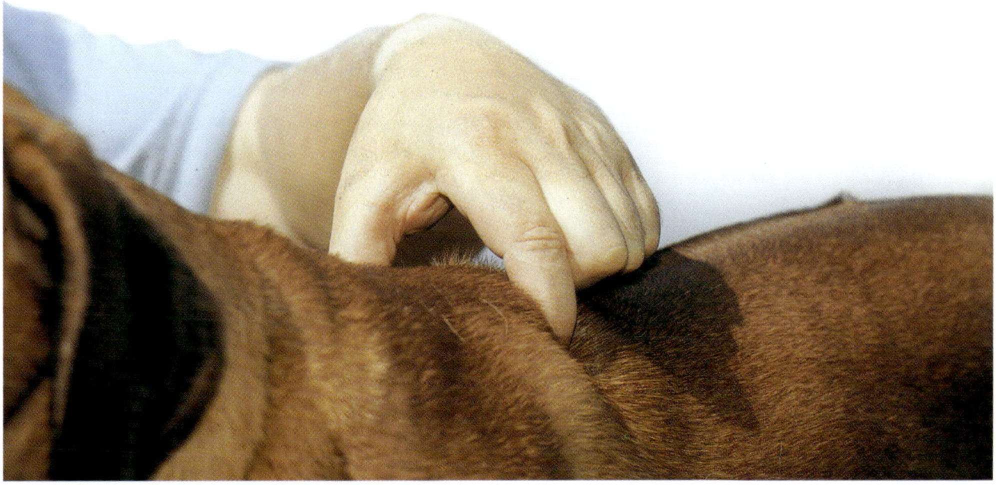

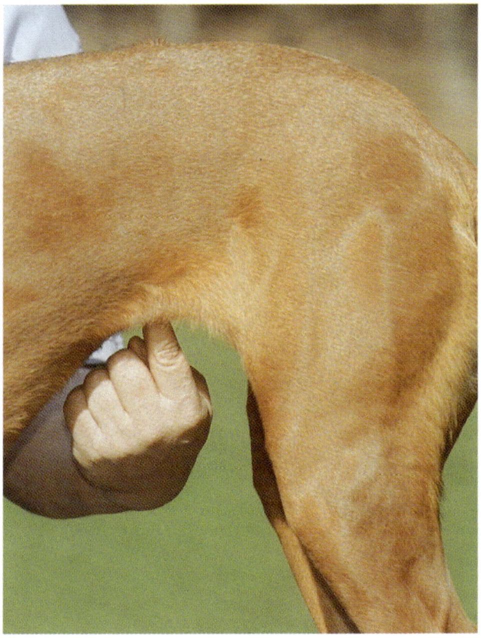

Die Kontakttechnik für „Steh!“

Nachdem dein Hund sich auf dem Arbeitstisch stehend an seine neue Umgebung gewöhnt hat, gibst du ihm mit Hilfe der neuen Kontakttechnik das Kommando „Sitz!“. Dein Hund sollte diese Position zunächst eine Weile beibehalten. Sobald er seine Position ändern möchte, wiederholst du sofort die entsprechende Kontakttechnik, denn dein Kommando gilt so lange, bis du es aufhebst. Das tust du, indem du deinen Hund mit dem Zeigefinger der rechten Hand in **der Mitte unter seinem Bauch** berührst. Führe den Zeigefinger sanft nach oben. Diese Stimulation wird dein Hund sofort so verstehen, sodass er wieder die Position „Steh!“ einnimmt. Der Freiheitsgrad, den du ihm mit der Fixierung durch deine linke Hand gewährst, wird ihm dabei helfen. Die Position „Steh!“ sollte dein Hund wieder eine kleine Weile beibehalten. Sollte dein Hund sich hinsetzten wollen, ist das für ihn natürlich nicht erlaubt. Du führst in diesem Fall unverzüglich die entsprechende Kontakttechnik mit deinem Zeigefinger aus.

Wie dein Hund nach dem Prinzip von „Spannung“ und „Entspannung“ lernt und welche Erfahrungen er dabei macht.

Im Unterschied zur „Leckerchen – Methode“, die alle Aktivitäten deines Hundes über seinen Fresstrieb zu steuern versucht, spricht die Methode nach dem Prinzip von „Spannung und Entspannung“ in hohem Maß das **Eigenlernverhalten deines Hundes** an. Wie geschieht das? Im Wesentlichen über zwei Botschaften an deinen Hund:

1. Botschaft
Wenn du deinem Hund die Kontaktleine angelegt hast, hat er zunächst die Möglichkeit, sich innerhalb des ihm zur Verfügung stehen Freiraumes (maximaler Radius = 5 Meter) sich so zu verhalten, wie er das gewöhnlich immer tut. In der Kontaktsprache der Hunde sagst du ihm nun in Abhängigkeit von seinem Verhalten: „Das ist richtig.“ oder „Das ist falsch.“ Dein Hund erfährt diese Botschaft über den Zustand der Leinenspannung. Spannung bedeutet für ihn: „Ich mache etwas falsch.“ Entspannung bedeutet für ihn: „Ich mache es richtig.“

Die erste Botschaft, die dein Hund erfährt heißt:

Wenn ich die eindeutigen Anweisungen beachte, kann ich lernen, wie ich mich verhalten soll.

2. Botschaft
Weiterhin erfährt dein Hund zum ersten Mal, dass er einen „richtigen Chef“ hat. Als „Chef“ nimmt er dich in dieser Phase deshalb zum ersten Mal wahr, weil du die Sprache verwendest, die er versteht, und weil du derjenige bist, der durch Kontakt auf das Einhalten des Kommandos „Fuß!“ besteht.

Die zweite Botschaft, die dein Hund erfährt heißt deshalb:

Ich habe einen „Chef“, der mir die Regeln des Rudels vermittelt und mir konsequent Grenzen setzt.

Aus der Position „Steh!“ gibst du ihm nun das Kommando „Platz!“, indem du die entsprechnende Kontakttechnik unterhalb seiner Schulterblätter anwendest. Dein Hund wird sich nun hinlegen. Das sollte er auch wieder eine Weile tun. Solange, bis du das Kommando durch ein anderes ersetzt. In diesem Fall gibst du ihm wieder das Kommando „Steh!“. Lege deinen Zeigefinger unter seinen Bauch und führe ihn sanft nach oben. Dein Hund wird dann sofort wieder die Stehposition einnehmen.

Übungsvariationen und Lernklima
Im weiteren Verlauf solltest du die Übungsfolgen variieren. Das geschieht sowohl hinsichtlich der Abfolge als auch hinsichtlich der zeitlichen Dauer. Behalte deinen Hund auch ruhig längere Zeit in der Zwischenposition „Steh!“. Versuche ihm die Phasen angenehm zu gestalten. Du weißt, wie wichtig ein gutes Lernklima für den Lernerfolg ist.

Beispiele

- **Wenn dein Hund sitzt, kannst du ihn mit deiner rechten Hand ruhig über den Rücken steichen.**
- **Wenn dein Hund sich in der Position „Platz!“ befindet, könntest du ihn eine Zeit lang bürsten.**
- **Du könntest ihm über dein Kopf streichen, seine Ohren begutachten und kraulen.**
- **In der Position „Platz!“ könntest du auch nach seinen Pfoten sehen.**

Die Vatiationen hinsichtlich der Abfolge und zeitlichen Dauer der Kommandos sind wichtig, damit sich dein Hund nicht an einen bestimmten Ablauf gewöhnt und diesen rein mechanisch ausführt. Mechanisch ausgeführte Bewegungungen haben nichts mit Lernen zu tun!

Wie dein Hund nach dem Prinzip von „Spannung“ und „Entspannung“ lernt und welche Erfahrungen er dabei macht.

Die Folge
Da dein Hund zum ersten Mal erfährt, dass er einen „richtigen Chef“ hat, wird er alles tun, um sich so zu verhalten, wie du es von ihm erwartest. Denn Regelverhalten ist ihm nicht fremd. Durch Ausprobieren innerhalb des ihm zur Verfügung stehenden Freiraumes findet er sehr schnell heraus, was das Kommando „Fuß!“ für ihn bedeutet. Dein Hund lernt durch „Eigenlernen“ selber, was richtig ist – und was falsch. Er ist der festen Überzeugung, sein Problem selbständig gelöst zu haben. Das kannst du sehr leicht beobachten, wenn dein Hund beim Erlernen des Kommandos „Fuß!“ mit erhoben Rute neben dir steht. Durch das selbständige Lösen seines Problems hat sich dein Hund auch selber bestätigt. Er benötigt deshalb auch weder Leckerchen noch verbales Lob! Außerdem fördert sein selbständiges Handeln auch sein Selbstvertrauen und motiviert ihn ungemein, in Zukunft weitere Probleme mit dir zu lösen.
Alle Probleme, die Kinder in der Schule selbständig lösen, haben sie auch besonders gut gelernt. Sie sitzen deshalb in ihrem Bewusstsein besonders fest und werden deshalb auch nicht schnell vergessen. Genau so wird es auch deinem Hund ergehen. Wenn er das Kommando „Fuß!“, wie alle anderen Kommandos auch, durch selbständiges Handeln erlernt hat, wird es auch bei ihm besonders gut in seinem Gedächtnis haften. Er wird es zukünftig für dich sicher, perfekt und zuverlässig ausführen.

Kleinigkeiten mit großer Wirkung:

Worauf du in der Einstiegsphase besonders achten musst.
Das Ende der Kontaktleine
Gerade beim ersten mal – die neue Leinenführung ist ja für deinen Hund noch ungewohnt – ist es wichtig darauf zu achten, dass er nicht **zu ungestüm** das Ende der Leine erreicht, denn das könnte ihm weh tun. Diese Situation kannst du aber gut vermeiden, indem du die Bewegung deines Hundes genau beobachtest, dich auf ihn zu bewegst und eine zu starke Spannung durch eine entsprechende Leinenzugabe verhinderst. Du solltest so handeln wie ein guter Autofahrer, der durch eine vorausschauende Fahrweise schwierige Situationen gar nicht erst entstehen lässt.

Sei wie Wasser, nicht wie Stein!
Auch Wasser hat Spannung.

Dieser Kontakt ist für deinen Hund gut und ausreichend.

Nur „Antippen“ Ist erlaubt
Auch wenn es dich „nervt“, aber ich sage es noch einmal. Denn auch der letzte, der nach der Methode „Contakt your Dog“ arbeitet, sollte begreifen, dass „Spannung“ kein schmerzhafter Zustand für deinen Hund bedeuten darf. Vergleiche diesen Zustand mit einer Situation, in der dich jemand unablässig mit dem Zeigefinger auf die Schulter tippt. Das tut zwar nicht weh, stört dich aber nach einiger Zeit so ungemein, dass du schließlich klein beigibst. Also: Nur Antippen ist für dich erlaubt!
Wenn du den Zustand der Kontaktleine in der Phase der Spannung in diesem Sinne wählst, machst du es richtig;
und nur dann!

Nach wenigen abwechslungsreichen Übungen wird dein Hund gelernt haben, wie er auf deinen Kontakt zu reagieren hat. Er macht die Erfahrung, dass er den Zustand der Entspannung schnell auf dreierlei Arten erreichen kann:

„Sitz!“ durch: **Po auf Tisch!**

„Platz!“ durch: **Bauch auf Tisch!**

„Steh!“ durch: **Stehen auf Tisch**

Deine Kontakttechnik, die den Zustand der Spannung bei deinem Hund erzeugt, solltest du erst in dem Moment beenden, wenn dein Hund das gewünschte Kommando bis zum Schluss ausgeführt hat. Er entweder mit seinem Po auf dem Tisch sitzt oder mit seinem Bauch auf dem Tisch liegt. Löse deinen Kontakt nicht zu schnell, denn das könnte dein Hund mißverstehen und seine Bewegung in Richtung „Sitz!“ oder „Platz!“ vorzeitig stoppen. Erst nach richtiger Ausführung stellst du den Zustand der Entspannung her. Du signalisierst damit deinem Hund in seiner Sprache: „Es war alles richtig und gut!“

Ziehe deine Hand nicht ganz weg. Halte sie in Bereitschaft, unmittelbar über der gewählten Kontaktstelle[24]. Du solltest das tun, damit du nach den Regeln des Timings unmittelbar stimulieren kannst, wenn dein Hund das Kommando ohne deine konkrete Anweisung aufheben möchte.

Denke auch wieder an all dass, was ich bereits zum Thema Schmerzen und Lernen gesagt haben. Lernen funktioniert nur ohne Schmerz! Die Spannung die du erzeugst sollte einem „Schulterklopfen“ entsprechen, das du bei einem guten Freund machst. Nicht mehr und nicht weniger.

„Platz!“ als Haltung tieftster Unterordnung
In der Position des „Platz!“ macht sich dein Hund ganz „klein“. Solange das selbständig und unbewußt innerhalb seines täglichen Bewegungsablaufes geschieht, macht ihm das nichts aus. Nun soll dein Hund sich aber bewusst klein machen, weil du als „Chef“ ihm dazu die Anweisung gibst. In dieser Situation befindet sich dein Hund, wenn du von ihm „Platz!“ forderst. Insofern bedeutet das Kommando „Platz!“ als bewusst vollzogene Handlung für deinen Hund eine Haltung größter Unterordnung und Ergebenheit.

Hilfe bei Verweigerung
Das wird deinem Hund umso leichter fallen, je höher du die „Stufen zur Chefetage“ erklommen hast und je mehr du zu seiner Vertrauensperson geworden bist. In der Regel wird dein Hund deshalb das Kommando „Platz!“ nach Absolvierung der bisherigen Ausbildung ganz problemlos ausführen. Sollte das nicht geschehen, benötigst du an dieser Stelle die Hilfestellung einer zweiten Person. Sie sollte die Vorderpfoten deines Hundes ergreifen und behutsam nach vorne ziehen, damit dein Hund in die Platzposition gleiten kann. Du zeigst ihm dadurch, den Weg, wie er die Stimulation abstellen kann.

[24] „Sitz!“: oberhalb der Hüftknochen / „Platz!“ unterhalb der Schulterknochen / „Steh!“ mitten unter dem Bauch

Hundemütter müssen das nicht lernen, wenn sie ihre Welpen korrigieren. Aber du musst am Anfang ganz besonders darauf achten, denn uns ist diese Fähigkeit so sprachlich miteinander zu kommunizieren ja nicht in den Schoß gelegt worden. Wenn dein Hund sich mit erhobener Rute die Kontaktleine anlegen lässt, kannst du sicher sein, die Leinenspannung auch immer richtig gewählt zu haben.

> ! ***Sei mit deiner Stimulation immer gleichmäßig sensibel! Denn: „Steter Tropfen höhlt den Stein!"***

Kopfarbeit ist anstrengend

Das Lernen mit der Kontaktleine ist für deinen Hund sehr anstrengend. Er arbeitet sehr mit seinem Kopf, all seine Sinnesorgane sind hoch sensibilisiert. Dein Hund muss in einer Übungsphase ständig konzentriert und bereit sein zu reagieren. Wenn du mit deinem Hund eine halbe Stunde nach der Methode „Contakt your Dog" lernst, kannst du seine Leistung in etwa so vergleichen als wäre er eine Stunde neben deinem Fahrrad hergelaufen. Deshalb sollte eine Übungsphase auch nicht länger als eine halbe Stunde dauern. Da alles seine Zeit hat, solltest du eine Übungsphase damit beginnen, dass du deinem Hund Gelegenheit gibst, zunächst frei zu laufen, zu schnüffeln, zu spielen und sein Geschäft zu verrichten; denn niemand kann unter Druck lernen. Nach ca. 10 Minuten sollte dann für ihn die Zeit des Lernens und Gehorchens beginnen. Deinem Hund wird das signalisiert, indem du ihm die Kontaktleine anlegst. Die nun folgende Lernphase sollte ca. 20 Minuten dauern und möglichst mit einer erfolgreichen Übung abschließen.

Die Auflösung des Kommandos „Fuß!"

Das die Zeit des Lernens für deinen Hund vorbei ist, erfährt er dadurch, dass du ihm die Kontaktleine am Bauch abnimmst und nun wie eine normale lange Hundeleine benutzt. Die Entfernung der Kontaktleine im Bauchbereich ist für deinen Hund eine stukturierte Freigabe: Du gibst ihm einen freundschaftlichen Klapps auf den Po und sagst gleichzeitig das Kommando „Lauf!" Jetzt kann dein Hund machen, was er will. Er darf schnüffeln, pinkeln, an der Leine ziehen, also all das, was vorher verboten war.

Wenn du ihm dann noch etwas Gelegenheit zum Spielen gibst, rundet das eine Übungsphase gut ab.[16]

Der häufigste Anfängerfehler

Bisher hast du die Erfahrung gemacht, dass die „normale Hundeleine" meist unter Spannung steht, wenn du mit deinem Hund spazieren gegangen bist. Diesem Fehler verfallen gerade in der Einstiegsphase einige meiner Kunden, wenn sie zum ersten Mal mit der Kontaktleine arbeiten. Durch die Macht der Gewohnheit halten sie die Leinenspannung auch dann aufrecht, wenn sich ihr Hund in der Entspannungsphase befindet. Das ist natürlich falsch und führt bei deinem Hund zu keinem Lerneffekt! Achte deshalb unbedingt darauf, die Kontaktleine in der Entspannungsphase auch spannungslos zu halten, denn nur dann muss dein Hund nach Orientierung suchen. Solange deine Leine unter Spannung steht, besteht für deinen Hund kein Bedarf, dich anzuschauen. Denn er fühlt ja über die Leinenspannung wie du dich bewegst. Das Gleiche geschieht, wenn du deinen Hund über die Stimme leitest. Insofern gebrauchen wir unsere Stimme erst wieder in der Verknüpfungsphase.

Entwirren der Kontaktleine

Der Umgang mit der Kontaktleine will geübt sein. Damit meine ich nicht nur das Anlegen dieser Leine an deinen Hund. Sie ist in der Regel fünf mal so lang wie eine normale Hundeleine und muss sich von Zeit zu Zeit wieder in geordneten Schlaufen in deiner rechten Hand befinden. Das Ordnen der Leine bei der Fußarbeit ist ein normaler Vorgang, der aber deshalb erwähnenswert wird, weil man dabei viel falsch machen kann.
Gehe möglichst nicht auf deinen Hund zu, wenn du die Kontaktleine ordnen möchtest, denn die Botschaft für deinen Hund wäre dann:

- **Leine verwirrt – Herrchen kommt!**

Diese Botschaft gerade in einer Phase, in der dein Hund lernen soll „Fuß!" zu gehen und du die ersten Stufen auf der Chefetage erklimmst, wäre natürlich fatal. Ordne die Kontaktleine deshalb immer möglichst nur dann, wenn sich dein Hund auch in deiner unmittelbaren Nähe befindet.[17]

[16] Bei den vor mit angegebenen Zeiten handelt es sich um ungefähre Richtwerte, die sich in meiner Praxis bewährt haben. Beobachte deinen Hund und denke daran, dass es auch ihm so geht wie uns, auch wir sind nicht an allen Tagen gleich leistungsfähig. Solltest du die Übungsregeln vergessen haben, so solltest du diese noch einmal auf der Seite 29 nachlesen.
[17] siehe Seite 30, Denke an deinen Weg in die Chefetage.

Die Qualität der Platzübung

Konventionelle Erziehungsmethoden in der Hundeausbildung benutzen oft körperliche Gewalt, indem die Hundeleine hinuntergetreten wird, um den Hund in die Platzposition zu zwingen. Das geschieht ruckartig, dem Hund wird gar nicht bewußt, was mit ihm geschieht. Er hat gar keine Zeit, etwas zu lernen. Andere Methoden benutzen den Trieb des Hundes. Sie locken seine Bereitschaft mit einem Leckerchen. Auch in diesem Fall ist der Lernerfolg recht trügerisch. Denn der Hund befolgt das Kommando nur, um ein Leckerchen zu ergattern.

Verglichen mit diesen Methoden zeichnen sich unsere Platzübungen durch eine besondere Qualität aus: Hier lernt dein Hund, ganz bewusst in die Platzposition zu gehen. Du sagst ihm das in der Hundesprache mit den Mitteln des Kontaktes. Dein Hund muss bei den von mir aufgezeigten Übungen echte Lernarbeit leisten, um zum gewünschten Erfolg zu kommen. Die Platzposition nimmt er ein, nicht weil er dafür ein Leckerchen bekommt, sondern weil du als „Chef“ das von ihm erwartest. Das gilt natürlich gleichfalls für die Kommandos „Sitz!“ und „Steh!“.

Kleinigkeiten mit großer Wirkung:
Worauf du in der Einstiegsphase besonders achten musst.

Druck und Gegendruck

Die Kontakttechnik mit Daumen und Zeigefinger ist auch für dich neu, sodass du dich erst an sie gewöhnen musst. Einige meiner Kunden machen dabei einen Fehler, der sich erst gar nicht bei dir einschleichen sollte. Die Kontakttechnik besteht lediglich darin, deinen Daumen und Zeigefinger an der ausgewählten Kontaktstelle zusammenzuführen; nicht aber darin, deinen Hund hinunterzudrücken. Diese Bewegung soll dein Hund ja selber herausfinden! Außerdem erzeugt ein Druck nach unten Gegendruck von deinem Hund. Er wird sich in diesem Fall nach oben gegen deine Finger stemmen. Eine Bewegung, die er ja gerade nicht machen soll.

Aus Fehlern lernen

Du weißt, dass man aus Fehlern lernen kann. Diese Erfahrung macht dein Hund fast jeden Tag. Fehler fördern sein Lernverhalten, wenn du sie zulässt. Das gilt auch für seine Arbeit auf dem Kontakttisch. Es ist wichtig, dass du bei den Übungen nicht zu nah an der Tischkante stehst. Deine optimale Position befindet sich in ca. 20 cm Entfernung. Das hat den Vorteil, dass dein Hund, wenn er bei den Übungen versucht auszuweichen, unmittelbar mit den Grenzen seines Freiraumes konfrontiert zu werden. Dein Hund spürt auf natürliche Weise die Entfernung zum Boden und wird sich sein Verhalten überlegen. Stündest du zu nah am Tisch hätte er schnell die Gelegenheit, sich an dir anzulehnen. Du würdest damit den Konflikt, den er mit der Tischkante bekäme, vermeiden. Dein Hund könne so eine wichtige Erfahrung verpassen. Sie lautet: „Nur wenn ich gerade sitze oder liege, kann mir nichts passieren.“ Sollte dein Hund dennoch etwas von der Tischkante rutschen ist das für ihn nicht weiter schlimm, denn du sicherst ihn ja durch deinen Griff um sein Halsband gekonnt ab.

Die Auflösung der Kommandos
„Sitz!“ „Platz!“ und „Steh!“

Du beendest die Arbeit auf dem Kontakttisch dadurch, dass du deinem Hund die Kontaktleine am Halsband befestigst. Die strukturierte Freigabe erfolgt durch einen freundschaftlichen Klapps auf den Po. Gleichzeitig sagst du deinem Hund das Wort „Lauf!“. Dein Hund kann dann vom Tisch springen und wieder seine bekannten Freiräume genießen. Für ihn ist nun alles erlaubt, was ihm durch die Kommandos „Sitz!“ , „Platz!“ und „Steh!“ zuvor verboten war.

Die Automatisierungsphase

Diese Phase hast du erreicht, wenn du mit deinem Hund Fußarbeit durchführen kannst, ohne dass du dir jeden einzelnen Handlungsschritt überlegen musst. Das bedeutet:

- **Der Umgang und das richtige Stimulieren mit der Kontaktleine ist für dich und deinen Hund schon fast zur Selbstverständlichkeit geworden.**
- **Dein Hund kann mit Hilfe der Kontaktleine das Kommando „Fuß!“ ausführen.**

2. Teilziel

In dieser Phase geht es darum, dass die Lernhandlung „Fuß!“ für deinen Hund automatisierter Bestandteil seines Verhaltens wird. Er soll bei spannungsloser Kontaktleine bereitwillig jeden Richtungswechsel, jede Geschwindigkeitsänderung und jeden Stop[18] von dir befolgen. Hinsichtlich seiner Aufmerksamkeit soll er eine noch höhere Qualitätsstufe erreichen.
Du sollst gleichzeitig weitere Stufen auf der Leiter zur Chefetage erklimmen.

Die praktische Arbeit

Automatisierung wird erreicht durch das Prinzip: Übung macht den Meister. Während du in der Einstiegsphase den Freiraum deines Hundes durch die Kontaktleine zunächst auf 2 Meter begrenzt hattest, kannst du nun den gesamten Spielraum der Kontaktleine nutzen. Die Gefahr, dass dein Hund zu ungestüm das Ende der Leine erreichen könnte ist nun fast ausgeschlossen, da er die Wirkungsweise der Kontaktleine bereits verinnerlicht hat. Lernort ist immer noch die große Wiese, die du dir am Anfang der Übungen ausgesucht hast. Wenn du nun deinem Hund die Kontaktleine anlegst, weiß er, es gilt das Kommando „Fuß!“. Die Zeit des Schnüffelns und Spielens ist jetzt vorbei. Der „Chef“ will mit mir arbeiten. Da dein Hund bis jetzt nur positive Lernerfahrungen gemacht hat, wird er das auch gerne mit dir tun.

Du lernst mit deinem Hund in dieser Phase eigentlich zunächst genau so weiter, wie ich dir das in der Einstiegsphase beschrieben habe. Insofern gestaltet sich der Übergang für dich und deinen Hund fließend:

> ***Wähle häufige, abrupte Richtungswechsel Variiere deine Gangart Nutze den gesamten Freiraum der Kontaktleine aus.***

Im Laufe der Lernarbeit wirst du bemerken, dass dein Hund das Kommando „Fuß!“ immer selbstverständlicher, leichter und perfekter ausführen wird. Du wirst feststellen, dass deine Stimulationen in Bezug auf die Leinenspannung im Falle einer Korrektur noch viel geringer sein können. Dein Hund hat schließlich auf der Handlungsebene das Kommando „Fuß!“ weitgehend automatisiert.

Lernen unter Ablenkungsbedingungen

Wenn du mit deinem Hund diesen Lernstand erreicht hast, fügst du in den folgenden Übungen Objekte in den Übungsverlauf ein, die gezielt die Aufmerksamkeit von dir ablenken sollen. Trainiere zum Beispiel möglichst dann, wenn sich andere Hunde auf der Wiese befinden oder zu einer Zeit, in der häufig Jogger, Radfahrer oder Spaziergänger euren Weg kreuzen. Lege auch Ablenkungsobjekte für deinen Hund auf der Wiese aus. Das können Bällchen Plastikkanister und viele andere Gegenstände sein, die Aufmerksamkeit deines Hundes erregen. Eventuell ist es auch sinnvoll für dich und deinen Hund den Trainingsplatz zu wechseln, eine Wiese zu suchen, die dir und deinem Hund mehr und andere Ablenkungsmöglichkeiten bietet als die bisherige Stelle. Das Ziel dieser Maßnahme ist dir ja bekannt[19]. Dein Hund soll lernen, dass das Kommando „Fuß!“ „immer – überall – zu jeder Zeit“ seine Gültigkeit besitzt.

[18] Dein Hund bleibt neben dir stehen. Sein rechter Fuß befindet sich neben deinem linken Fuß.
[19] siehe Seite 37. Automatisierungsphase.

Die Automatisierungsphase

Die neue Phase hast du erreicht, wenn du mit deinem Hund die Kontaktübungen auf dem Tisch durchführen kannst ohne, dass du dir jeden einzelnen Handlungsschritt überlegen musst.

- Der Umgang und das richtige Stimulieren mit der Kontakttechnik ist für dich und deinen Hund schon fast zur Selbstverständlichkeit geworden. Dein Hund kann mit Hilfe der Kontakttechnik die Kommandos „Sitz!“, „Platz!“ und „Steh!“ auf dem Kontakttisch schon recht sicher ausführen.

2. Teilziel
Ziel dieser Lernphase ist es, dass die Lernhandlungen „Sitz!“, „Platz!“ und „Steh!“ für deinen Hund automatisierter Bestandteil seines Verhaltens werden. Feinste Stimulationen an den entsprechenden Kontaktpunkten sollen bei ihm das gewünschte Kommando auslösen. Er soll die Kommandos auch ausführen, wenn er abgelenkt ist.

Die praktische Arbeit
Lernen unter Ablenkungsbedingungen
In dieser Phase gilt für deinen Hund wieder das Prinzip: „Übung macht den Meister!“ Zunächst geschieht nichts Neues. Übe beständig und regelmäßig weiter. Variiere deine Übungen hinsichtlich der Handlungsabfolge und Zeitdauer. Du wirst nach einiger Zeit feststellen, dass dein Hund immer sensibler auf deine Kontaktkommandos reagieren wird.

In der Praxis lernt dein Hund weiter wie bisher. Wenn du feststellst, dass die Aufmerksamkeit deines Hundes sich einem Ablenkungsobjekt, zum Beispiel einem ausgelegten Bällchen zuwendet, gehst du mit der Kontaktleine genau entgegengesetzt zur Aktionsrichtung deines Hundes. Da du viele Ablenkungsgegenstände auf der Wiese ausgelegt hast, wird dein Hund immer wieder die Gelegenheit bekommen, seine zuverlässige Ausführung des Kommandos unter Beweis zu stellen.

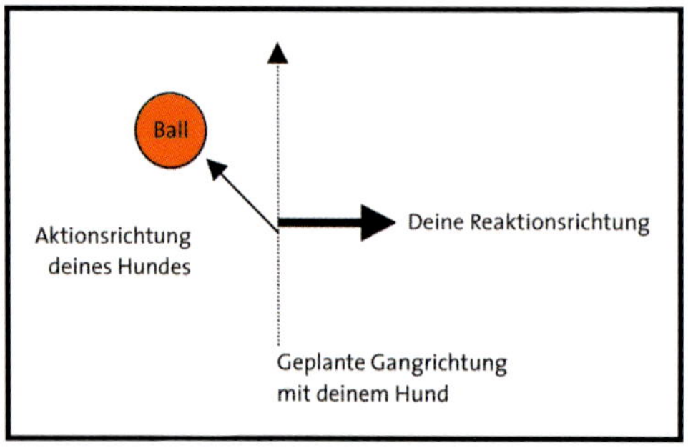

Die obere Zeichnung stellt dir eine mögliche Ablenkungssituation dar. Unabhängig davon, welchem Gegenstand sich dein Hund zuwenden möchte, reagierst du in ähnlichen Situationen immer gleich:

Ändere deine Aktionsrichtung und mache Kontakt zu deinem Hund.
Die Botschaft die er dadurch bekommt heißt: „Fuß bedeutet – immer Fuß!“

Viele Ablenkungssituationen entstehen beim Training auch aus der Situation heraus: Während du mit deinem Hund auf der Wiese trainierst, bemerkt dein Hund plötzlich einen Vogel, der sich auf der Wiese niedergelassen hat. Du stellst fest, dass sich die Aufmerksamkeit deines Hundes von dir abwendet und sich auf die Bewegungen des Vogels konzentriert. Entferne dich in diesem Moment möglichst unbemerkt von deinem Hund, indem du entgegengesetzt zu seiner Blickrichtung gehst. In einem Abstand von drei bis vier Metern machst du behutsam mit der Leine Kontakt. Dein Hund wird sehr verdutzt reagieren. Er wird sofort zu dir schauen und eiligst hinter dir her laufen, um deinen Fuß zu suchen. Auch in dieser Situation hat dein Hund gelernt:

- **Wenn ich nicht ständig meinen „Chef“ beobachte, kann ich eine Aktion meines „Chefs“ versäumen.**
- **Wenn ich eine Aktion meines „Chefs“ verpasse, habe ich einen Konflikt.**
- **Wenn das Kommando „Fuß!“ gilt ist nur Fuß gehen erlaubt. Vögel beobachten ist verboten!“**

Viele Beispiele dieser Art ließen sich schildern. Nutze sie in deiner täglichen Praxis, um die Fußarbeit deines Hundes zu vervollkommnen.

Kleinigkeiten mit großer Wirkung:

Worauf du in der Automatisierungsphase besonders achten musst
Während sich der Lernzuwachs für dich und deinen Hund in der Einstiegsphase sehr deutlich sichtbar und teilweise spektakulär vollzog, sind die Lernfortschritte in dieser Phase kleiner und zum Teil nicht mehr so gut für dich beobachtbar. Viele meiner Kunden bezeichnen diese Phase als „Durststrecke“ in der ich sie manchmal aufmuntern und ermutigen muss. Die Phase der Automatisierung wird geprägt durch großen Fleiß, Ausdauer und Konsequenz.

Die zeitliche Dauer
Insgesamt nimmt sie etwa die Hälfte der benötigten Lernzeit in Anspruch. Schon die Zeitlänge sollte dir den hohen Stellenwert der Automatisierungsphase dokumentieren. Mein Hinweis muss an dieser Stelle deshalb ganz deutlich formuliert werden:

- **Auch du musst diese „Durststrecke“ bewältigen, wenn dein Hund die geplanten Ziele erreichen soll. Es lohnt sich, denn ein perfekter Hund wird Lohn deiner Arbeit sein.**

Die Veränderungen in dieser Phase sind sehr bedeutend, auch hier gilt der Satz:

> ***„Was Hänschen nicht lernt, lernt Hans nimmer mehr!“***
> ***Das Hänschen sitzt meist in der Automatisierungsphase und hat diese nicht perfekt durchgearbeitet.***

Nachdem dein Hund das eine Weile trainiert hat, solltest du für den Kontakttisch einen Ortswechsel vornehmen. Wähle eine geeignete Stelle, die deinem Hund das Erlernen der Kommandos auch unter Ablenkungsbedingungen erlaubt. Das könnte eine kleine Wiese sein, mit Blick auf die Straße; die Terasse mit Blick in den Garten oder die Garageneinfahrt etc.. Du variierst die Übungsabfolge und Zeitdauer solange, bis dein Hund auf feinste Kontakte mit deinem Zeigefinger reagiert. Stelle dir vor, du drücktest mit deinem Finger auf einen Sensor, bei dem nur eine leichte Berührung mit der Fingerkuppe ausreicht. Wenn dein Hund so zuverlässig deinen Kommandos folgt, hast du die Ziele der Automatisierungsphase erreicht.

Kleinigkeiten mit großer Wirkung:

Worauf du in der Automatisierungsphase besonders achten musst

Beim Wechsel des Kontakttisches an einen Ort, der deinem Hund Möglichkeiten der Ablenkung bietet, kann es vielleicht passieren, dass seine Aufmerksamkeit schwindet und er die Kommandos zunächst nicht mehr so zuverlässig befolgt. Du gehst in diesem Fall mit deinen Stimulationen einen Schritt zurück und benutzt zunächst wieder die Grifftechnik. Entscheide dann nach einiger Zeit, wann du mit dem Antippen als Stimulation beginnen kannst. Hinsichtlich der Stimulationen vollziehst du einen Wechsel von der Grifftechnik zum Antippen. Du solltest dabei lernen, immer angepasster zu stimulieren. Damit meine ich, mache so viel Kontakt wie nötig und so wenig wie möglich, um deinem Hund zu sagen, welches Kommando er befolgen soll. Das Ziel ist klar: Werde mit deinen Stimulationen immer weicher. Als Vergleich bietet sich für die Grifftechnik ein aufgedrehter Wasserhahn an, während das Anrippen einen tropfenden Wasserhahn meint.

Die zeitliche Dauer

Der Zeitbedarf, den du für die Ausbildungszeit „Sitz!“, „Platz!“ und „Steh!“ ansetzten musst, beträgt ca. 80 Stunden verteilt auf etwa 8 Wochen[25]. Das ist eine lange Zeit. Bewahre deine Geduld, diese Zeit mit deinem Hund durchzuhalten, denn innerhalb der Übungen vollziehst du entscheidende Schritte in Richtung der „Chefetage“. Je konsequenter und regelmäßiger du die Tischarbeit mit deinem Hund durchführst, um so leicher wird für euch beiden zum Schluss das Lernen des Kommandos „Hier! sein.

[25] siehe Seite 42; Tabelle 8: Der Zeitbedarf in den einzelnen Lernphasen

Der innere Wandel

Der innere Wandel

War doch die Einstiegsphase mehr ein „Aha – Erlebnis“ für dich und deinen Hund, so steht die Automatisierungsphase der Kommandos „Fuß!“, „Sitz!“ und „Platz!“ im Zeichen inneren Wandels. Genau deshalb sind die Veränderungen für dich auch nicht so deutlich sichtbar. Was passiert also? Du erinnerst dich sicher! Ein bedeutender Baustein innerhalb unserer Hundeausbildung „Contakt your Dog“ war Respekt[26]. Nur dann, wenn dein Hund dir die nötige Aufmerksamkeit schenkt, wirst du für ihn zur Respektsperson, und nur dann wird er dich als seinen „Chef“ akzeptieren. Dein Hund ist zwar in der Phase des Einstiegs schon viel aufmerksamer geworden, allerdings ist damit noch nicht abgesichert, dass er vor dir auch dauernden Respekt besitzt, denn:

- **Wenn dein Hund einmal aufmerksam ist, ist er noch lange nicht immer aufmerksam.**
- **Wenn dein Hund einmal vor dir Respekt hat, bedeutet das noch lange nicht, dass er immer vor dir Respekt hat.**

Gerade das aber ist unser Ziel! Es ist der Grad der Aufmerksamkeit, der besonders in dieser Phase bei deinem Hund noch wesentlich gesteigert und gefestigt wird.

Was bedeutet Aufmerksamkeit? In der Schule ist Aufmerksamkeit wichtiger Bestandteil für gutes Lernen. Neben der Vermittlung des kleinen Einmaleins ist es bedeutsam für unsere Kinder ein Gefühl dafür zu entwickeln, dass es im Unterricht wichtige und weniger wichtige Situationen gibt. Je nach Situation müssen sie entscheiden besonders gut aufzupassen. Kinder, denen es nicht gelingt, dieses Gespür zu entwickeln, verpassen wichtige Situationen und haben deshalb dauernd Konflikte mit ihren Lehrern und Eltern.

Aufmerksam sein bedeutet für deinen Hund, ein Gefühl dafür zu entwickeln, dass Situationen, die bei der Arbeit mit seinem „Chef“ entstehen wichtig sind, so dass er seinem „Chef“ besondere Aufmerksamkeit schenken muss, um keinen Konflikt zu haben. Da wir Gefühle nicht beobachten können, weil sie etwas mit innerlicher Einstellung zu tun haben, können wir auch nur an ihren äußern Wirkungen messen, wie sich der Grad der Aufmerksamkeit unseres Hundes verändert hat.

Die folgende Tabelle zeigt am Beispiel des Kommandos „Fuß!“, wie in Abhängigkeit von der jeweiligen Lernphase sich der Grad der Aufmerksamkeit deines Hundes steigert und sich ein Wandel in der Orientierung deines Hundes vollzieht:

[26] siehe Seite 15: Die Grundbausteine des Lernens: Respekt

Der innere Wandel

Der innere Wandel, dargestellt am Beispiel des Kommandos „Fuß!“

Aufmerksamkeitsstufe	Innerlicher Wandel	Äußerlicher Wandel	Lernphase
1. Stufe	Umkehr der Orientierung: Mein Herrchen orientiert sich nicht mehr an mir; sondern ich muss mich nach meinem Herrchen (jetzt „Chef“) orientieren	Dein Hund schaut dich an.	Einstiegsphase
2. Stufe	Bestätigung der Orientierung: Solange ich mich an meinem „Chef“ orientiere, spüre ich, was er von mir will. Solange ich das tue, was mein „Chef“ von mir will, habe ich keine Konflikte (geht es mir gut).	Dein Hund sucht ständigen Blick- bzw. Körperkontakt zu dir.	Automatisierungsphase
3. Stufe	Absicherung der Orientierung: Da ich die Regeln meines „Chefs“ gut verstehe und befolge, geht es mir nur gut. Durch diese dauerhafte Bestätigung werde ich immer sicherer und ausgeglichener in meinem gesamten Verhalten.	Dein Hund zeigt sich sicher und ausgeglichen; also sehr souverän. Du erkennst, keine Zeichen mehr von Unsicherheit wie: • winseln • anspringen • hektische Reaktionen • usw.	Verknüpfungsphase
4. Stufe	Normalität der Orientierung: Da ich in den bisherigen Phasen gut gelernt habe, wird die Orientierung auf den „Chef“ für mich zur Normalität und somit Teil meines Wesens.	Dein Hund verhält sich jetzt so, wie du es dir immer gewünscht hast. Von anderen Hundebesitzern wirst du deshalb sehr beneidet.	Alltagsphase

Der Wandel vollzieht sich ebenfalls in der Alltagsphase bei den Kommandos „Sitz!“ und „Platz!“. Zusammenfassend für dich bleibt festzuhalten, dass es in der Automatisierungsphase neben der Verbesserung der Fuß- und Tischarbeit wesentlich um eine Verhaltensänderung deines Hundes geht. Verhaltensänderungen benötigen Zeit! Deshalb dauert diese Phase auch so lange. Schenke deshalb dieser Phase die nötige Beachtung und habe den Mut und die Ausdauer sie durchzustehen. Es lohnt sich wirklich!

Die Verknüpfungsphase

Nachdem du, bedingt durch die harte Arbeit und lange „Durststrecke“ in der Automatisierungsphase, schon fast „Chef“ deines Hundes geworden bist, beginnt nun die Phase der Verknüpfung.

3. Teilziel
In dieser Phase soll dein Hund lernen, auf das Wort „Fuß“ genauso zu reagieren wie auf das taktile Kommando „Fuß!“. Da dein Hund das Kommando „Fuß!“ auf der Handlungsebene bereits gut beherrscht, wird es ihm im Laufe der Verknüpfungsphase auch nicht besonders schwer fallen, dein Wort „Fuß“ mit der entsprechenden Handlung zu verknüpfen[20].

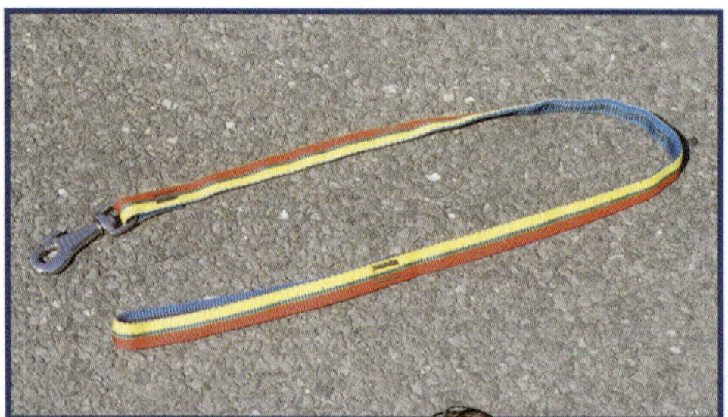

Die „normale Leine“ als neues Lernmedium
Damit dein Hund dieses Ziel erreichen kann, kommt nun als neuer Lerngegenstand zur Kontaktleine die „normale Hundeleine“ hinzu, so dass dein Hund in dieser Phase zunächst mit zwei Leinen gleichzeitig lernt. Unser Bestreben wird es am Anfang dieser Phase sein, die lange Kontaktleine durch die „normale Hundeleine“ zu ersetzen. Als „normale Hundeleine“ empfehle ich dir eine einfache und glatte Leine von einem Meter Länge.

Wie dein Hund nach dem Prinzip von „Spannung“ und „Entspannung“ mit beiden Leinen lernt
Mit dem Anlegen der Kontaktleine hast du den Bauchbereich deines Hundes als Kontaktpunkt angesprochen. Nun soll durch das zusätzliche Anlegen der „normalen Hundeleine“ am Hals der Kontaktpunkt wieder an den Hals deines Hundes verlegt werden. Du hast ganz richtig gelesen! Ich weiß, dass ich mich damit in totalem Widerspruch zu dem befinde, was ich dir am Anfang der Lerneinheit „Fuß!“[21] gesagt habe. Ist doch der Bauchbereich deines Hundes viel sensibler und ermöglicht er doch den Blick auf den „Chef“.

[20] Im Sinne von Eindeutigkeit und Transparenz verwende ich ausschließlich das Wort „Fuß“; nicht „Bei Fuß“.
[21] vergleiche Seite 46: Wie die Kontaktleine angelegt wird.

Die Verknüpfungsphase

Diese Lernphase beginnt für dich und deinen Hund, wenn er auf sensibelste Stimulationen (Wassertropfen) die von dir erwarteten Kommandos ausführt.
Das ist genau der geeignete Zeitpunkt, die taktile Stimulation durch eine verbale zu ersetzen.

3. Teilziel
Dein Hund soll lernen, auf das Wort „Sitz“, „Platz“ und „Steh“ genauso zu reagieren wie auf die eingeübten Kontakttechniken. Weil dein Hund die Kommandos „Sitz!“, „Platz!“ und „Steh!“auf der Handlungsebene bereits beherrscht[27], wird es ihm im Laufe der Verknüpfungsphase auch nicht besonders schwer fallen, deine verbalen Kommandos mit der entsprechenden Handlung zu verbinden.

Die praktische Arbeit
Lernort in dieser Phase bleibt für deinen Hund der Kontakttisch. Die nun folgende praktische Arbeit gestaltet sich für dich innerhalb der Verknüpfungsphase in mehren Schritten:

Gleichzeitig Tippen und sprechen
Du tippst deinen Hund an der betreffenden Kontaktstelle mit dem Zeigefinger an und sagst ihm gleichzeitig wie das geforderte Kommando heißt. Das übst du eine Zeit lang, dabei variierst du wieder die Reihenfolge und die Zeitdauer der Kommandos, damit sich bei deinem Hund kein Automatismus einschleicht.

[27] Dein Hund hat die Handlungen des „Sitz!“, „Platz!“ und „Steh!“ verinnerlicht.

Weil dein Hund aber nicht sein ganzes Hundeleben lang mit der Kontaktleine herumlaufen soll, ist es doch nur natürlich, für eine Verschiebung des Kontaktpunktes an den Hals zu sorgen. Dein Hund soll sich von anderen Hunden nicht dadurch unterscheiden, dass er an einer Kontaktleine geführt wird, sondern durch sein vorbildliches und ausgeglichenes Verhalten.

Allerdings wird eine Verlagerung des Kontaktpunktes erst zu diesem Zeitpunkt möglich! Denn sie setzt bei deinem Hund den Prozess des inneren Wandels voraus und die damit erforderlichen Voraussetzungen an Sensibilität und Orientierung.

Der Unterschied:

Schüttelbewegung und Leinenruck
Insofern wirst du bei deinem Hund beobachten, dass für ihn - im Gegensatz zu früher - nun eine geringe Stimulation am Hals ausreicht, um diese als Kontakt zu erkennen und entsprechend zu reagieren. Das in der Methode „Contakt your Dog“ praktizierte Prinzip von „Spannung und Entspannung“ findet hier seine konsequente Fortsetzung:

Die Spannung mit der „normalen Hundeleine“ erzeugst du mit Hilfe einer leicht ziehenden **„Schüttelbewegung“** aus dem Handgelenk. Die Phase der Entspannung tritt ein, wenn sich dein Hund regelgerecht verhält. Die Leine hängt dann in leichtem Bogen locker durch.

Um es ganz deutlich zu sagen: Die von uns praktizierte leichte „Schüttelbewegung“ aus dem Handgelenk hat nicht das geringste mit dem häufig in der normalen Hundeerziehung praktizierten Leinenruck zu tun. Vergleiche die Intensität unserer Schüttelbewegung wieder mit einem dauerhaften „Antippen auf die Schulter“ und denke an das Prinzip:

„Steter Tropfen höhlt den Stein!“.

Ein Leinenruck ist als Erziehungsmittel völlig **ungeeignet und falsch!** Dein Hund hat mit diesem Erziehungsmittel keine Möglichkeit zu lernen, denn:

- **Ein Leinenruck verursacht Schmerzen, und Schmerzen blockieren das Lernen deines Hundes.**

- **Ein Leinenruck wirkt nur kurz und punktuell. Dein Hund hat dadurch gar keine Zeit, einen Konflikt selbständig zu lösen.**

Nur die leichte Schüttelbewegung aus dem Handgelenk macht deinen Hund auf seinen Konflikt aufmerksam und gibt ihm auch die nötige Zeit diesen Konflikt zu lösen. Es ist die selbständige Möglichkeit der Konfliktlösung, die diese Art des Lernens für ihn so nachhaltig macht und ihn auch weiter beflügelt.

Die praktische Arbeit
Lernort für dich ist wieder deine bekannte Hundewiese. Nachdem du deinem Hund in bekannter Art und Weise die Kontaktleine angelegt hast, befestigst du nun zusätzlich die „normale Hundeleine“ an seinem fest sitzenden Halsband. Die Kontaktleine hältst du wie gewohnt in deiner rechten, die „normale Hundeleine“ in deiner linken Hand. Denke daran, dass beide Leinen zunächst spannungslos sein sollten; also locker durchhängen müssen.
Mit deinem Hund lernst du nun so weiter, wie du es in der Automatisierungsphase getan hast. Praktiziere häufige und abrupte Richtungswechsel mit Stops, variiere die Gangart und sorge ebenfalls auch für Möglichkeiten der Ablenkung.

Erst sprechen, dann tippen

Wenn das bei deinem Hund leicht und gut funktioniert, änderst du die Reihenfolge. Du sagst erst das verbale Kommando und mit einer zeitlichen Verzögerung von ca. einer Sekunde gibst du zusätzlich dann das Kontaktkommando. Durch die Änderung der Reihenfolge hat dein Hund die Möglichkeit zu lernen, die taktile Stimulation zu umgehen, wenn er sich sofort hinsetzt. Das gilt natürlich auch für die Kommandos „Platz!“ und „Steh!“. Dein Hund wird das sehr schnell begreifen und ausschließlich auf dein verbales Kommando reagieren. Auf dieser Lernstufe sollte dein Zeigefinger zur Absicherung des Kommandos noch kurz über der gewählten Kontaktstelle in Warteposition bleiben, um bei einem Regelverstoß schnell reagieren zu können.

Vom Bauch zum Hals

Bisher hast du deinen Hund, immer dann, wenn er sich nicht an die Regeln hielt, mit Hilfe der Kontaktleine im Bauchbereich stimuliert. Parallel dazu stimulierst du nun im Falle seines Fehlverhaltens mit der „normalen Hundeleine“ durch die beschriebene Schüttelbewegung den Halsbereich. Du stimulierst also mit beiden Leinen gleichzeitig! Das solltest du deshalb tun, um deinem Hund in der Sprache des Kontaktes zu sagen: „Deinen Konflikt am Bauch kannst du genau so lösen, wie deinen Konflikt am Hals – nämlich dadurch, dass du „Fuß“ gehst. Beachte die Stimulationsdauer. Du solltest die Stimulation in dem Moment beenden, indem dein Hund „Fuß“ geht.

Im Laufe der Lernphase verlagerst du den Schwerpunkt deiner Stimulationen mit beiden Leinen immer mehr auf den Halsbereich deines Hundes. Schließlich wirst du die Kontaktleine nicht mehr benötigen. Für deinen Hund reicht nun allein die Stimulation der Schüttelbewegung durch die „normale Hundeleine“ am Hals aus, um sich bei einer Unaufmerksamkeit wieder an die Regeln für „Fuß!“ zu erinnern. **Du hast damit den Konfliktpunkt vom Bauchbereich deines Hundes an seinen Hals verlegt.**

> ! ***Du solltest die Kontaktleine aber nicht entsorgen. Bei Rückschritten könnte sie wieder wichtig für dich werden***

Der große Moment:
Am Ende steht das Wort

Den Zeitpunkt der Umstellung wirst du daran bemerken, dass dein Hund auf kleinste Stimulationen im Halsbereich reagiert. Nun ist für dich und deinen Hund ebenfalls der Zeitpunkt gekommen, wo du das Lernen auf der Handlungsebene mit dem Lernen auf der verbalen Ebene verknüpfen kannst:

- **Dein Hund hört jetzt von dir zum ersten Mal das Wort „Fuß“ als ein von dir gesprochenes Kommando.**

Du „verrätst“ ihm an dieser Stelle wie das Gelernte heißt, was er mit dir so lange geübt hat, und er auch schon so perfekt beherrscht. Er wird also das Wort „Fuß“ von Anfang an als ein **positives Ereignis** erleben, weil ihm der Lösungsweg im Konfliktfall durch die bereits gelernte Handlung bekannt ist.

Die Leine wird überflüssig

Du erinnerst dich? Das Anlegen der Kontaktleine war für deinen Hund identisch mit dem Kommando „Fuß!“. An dieser Stelle wird die Kontaktleine durch das Wort „Fuß“ ersetzt. Das verbale Kommando „Fuß!“ muss nun mit der „normalen Leine“ abgesichert werden. Wenn dein Hund unaufmerksam ist, führst du so lange die „Schüttelbewegung“ mit der „normalen Hundeleine“ aus, bis dein Hund sich wieder regelgerecht verhält. Nach kurzer Zeit wirst du begeistert feststellen, dass dein Hund das verbale Kommando „Fuß!“ so zuverlässig befolgt, dass du schließlich auch die „normale Hundeleine“ ablegen kannst. Ein großer Moment für dich und deinen Hund!

Ich gratuliere dir!

Nur noch sprechen

Die Absicherung des Kommandos kann in der Regel dann nach einer kurzen Übungszeit für deinen Hund entfallen. Wenn du das bemerkst, wechselst du deinen Standort am Kontakttisch. Bisher bist du seitlich neben dem Tisch gestanden, um deinen Hund entsprechend sichern zu können. Das ist in dieser Phase nicht mehr erforderlich. Nun begibst du dich an das Kopfende des Kontakttisches, sodass du deinen Hund von vorn anschauen kannst. Du gibst die erlernten Kommandos nur noch verbal. Dein Hund sollte diese sehr zuverlässig befolgen. Geschieht dies nicht, begibst du dich ohne weitern Kommentar wieder seitwärts an den Kontakttisch und stimulierst deinen Hund in der gewohnten Weise. Ein guter „Chef!“ sagt eine Anweisung nur einmal, dann setzt er sie konsequent durch!“

Sprechen aus der Distanz

Nachdem dein Hund die Kommandos ausschließlich durch verbale Anweisungen befolgt, entfernst du dich langsam vom Kopfende des Kontakttisches. Zunächst ein Meter, dann zwei Meter, dann drei Meter und schließlich vier Meter. Du gibst deinem Hund die verbalen Kommandos aus der jeweils gewählten Distanz und variierst dabei wieder den Handlungsablauf und die Zeitdauer. Mit zunehmender Übungssicherheit deines Hundes vergrößerst du allmählich deinen Abstand zum Kontakttisch auf ca. vier Meter. Wenn du dort schließlich ganz entspannt stehen kannst und dein Hund auf dem Kontakttisch ebenfalls ganz entspannt deine Kommandos befolgt, ist es Zeit, die Alltagsphase zu beginnen.

Kleinigkeiten mit großer Wirkung:

Worauf du in der Verknüpfungsphase besonders achten musst

Obwohl die Verknüpfungsphase bei weitem nicht so lange dauert, wie die Automatisierungsphase, solltest du gut darauf achten, die einzelnen Übergänge in den Lernphasen nicht zu schnell zu vollziehen. Beobachte deinen Hund, sei ehrlich zu dir selber und denke daran, deinen Hund nicht zu überfordern.

Solltest du in einer Phase feststellen, dass dein Hund ein Problem hat, dann beginne am besten noch einmal so, wie du es in der Lernphase davor getan hast.
Gehe einen Schritt zurück!
Lege deinem Hund eventuell noch einmal für kurze Zeit die Kontaktleine an.

Die Absicherung über die „normale Hundeleine“ geschieht nach der Regel:
Vertrauen ist gut;
Kontrolle ist besser!
Auch ein Orchester spielt nur dann gut, wenn es einen Dirigenten hat.

Denke daran, dass dein Hund phantastisch hören kann. Das Wort „Fuß“ muss also von dir nicht laut gebrüllt werden. Es reicht vollkommen aus, wenn du es in einer normalen Lautstärke, klar deutlich und freundlich zu deinem Hund sagst.

Kleinigkeiten mit großer Wirkung:

Worauf du in der Verknüpfungsphase besonders achten musst

Probleme: Ein Schritt zurück

Die Verknüpfungsphase dauert bei weitem nicht so lange, wie die Automatisierungsphase. Achte du gut darauf, die einzelnen Übergänge in den Lernphasen nicht zu schnell zu vollziehen. Beobachte deinen Hund genau und sei ehrlich zu dir selber. Denke daran, deinen Hund nicht zu überfordern.Solltest du in einer Phase feststellen, dass dein Hund Probleme hat, beginne am besten noch einmal so, wie du es in der Lernphase davor getan hast. Gehe einen Schritt zurück und stimuliere noch einmal mit der Grifftechnik, bevor du die verfeinerte Kontakttechnik benutzt. Beginne die Verknüpfungsphase wirklich erst, wenn dein Hund die Lernhandlungen des „Sitz!“, „Platz!“ und „Steh!“ verinnerlicht hat.

Brüllen verboten!

Die verbalen Kommandos solltest du ruhig und freundlich in einer normalen Lautstärke aussprechen. Dein Hund kann phantastisch hören. Das Wort „Sitz“, „Platz“ und „Steh“ muss nicht laut gebrüllt werden! Sollte das der Fall sein, ist das ein untrügliches Zeichen dafür, das dein Hund seine Arbeit auf der Handlungsebene noch nicht hinreichend beendet hat. Gewöhne dich unbedingt daran, ein verbales Kommando nur ein Mal zu geben.
Ist ein zweites Mal erforderlich, setzt du dieses Kommando ausschließlich mit Hilfe der jeweiligen Kontakttechnik durch.

Die Alltagsphase

Die Alltagsphase bildet die letzte Stufe der vielen Übungen. Sie ist eine gemeinsame Lernphase in der du die Kommandos „Fuß!", „Sitz!" „Platz!" und „Steh!" bis zur Perfektion üben kannst. Inzwischen akzeptiert dich dein Hund als seinen „Chef". Er hat Vertrauen zu dir und schenkt dir zu jeder Zeit die erforderliche Aufmerksamkeit. Du verhältst dich immer konsquent, so dass dein Hund vor dir Respekt bekommen hat. Er führt bereitwillig und korrekt die erlernten Kommandos aus, sobald du die entspechenden verbalen Kommandos dafür verwendest. Die Alltagsphase ist abwechslungsreich und interessant, weil du nun unmittelbar den Erfolg deiner Arbeit erleben kannst.

4. Teilziel (Endziel)
Endziel dieser Lernphase ist, dass dein Hund die Kommandos „Fuß!", „Sitz!" „Platz!" und „Steh!" immer, überall und in jeder Situation ausführt. Er soll das so lange tun, bis du ein Kommando durch ein anderes ablöst. Dein Hund soll die Kommandos zunächst nur an der normalen Hundeleine befolgen. Die Ausführung des Kommandos „Fuß!", „Sitz!" „Platz!" und „Steh!" ohne Leine wird zunächst so lange zurückgestellt, bis dein Hund das Kommando „Hier!" gelernt hat.

Die praktische Arbeit
Vergleiche die Alltagsphase mit der Situation, in der sich ein Fahranfänger befindet, der gerade in den Besitz seiner lang ersehnten Fahrerlaubnis gekommen ist. Dieser kennt zwar die Verkehrsregeln und kann sein Fahrzeug lenken, ist aber zu diesem Zeitpunkt noch lange nicht fähig, alle Verkehrssituationen des Alltags sicher zu bewältigen. Dazu fehlt ihm noch die erforderliche Fahrpraxis, die er in der nun anstehenden Zeit erwerben muss, um ein sicherer Autofahrer zu werden.
In einer ähnlichen Phase befindest du dich mit deinem Hund. Dieser besitzt zwar die Grundkenntnisse der Kommandos „Fuß!", „Sitz!", „Platz!" und „Steh!" muss aber in dieser Lernphase seine Kompetenz im Hinblick auf die vielen Situationen des Alltags noch erweitern. Dein Hund soll alltagstauglich werden! Die Handlungen der geübten Kommandos sollen ihm unabhängig von der jeweiligen Alltagssituation in „Fleisch und Blut" übergehen.

Der Lernort

Alltagstauglichkeit kann dein Hund nur im Alltag erwerben. Deshalb musst du mit deinem Hund den Schonraum der Hundewiese und den Schonraum des Kontakttisches verlassen. Erlebe bewusst Situationen, welche die Alltagstauglichkeit deines Hundes schulen können.
Suche mit deinem Hund Spazierwege auf, die andere Hundebesitzer auch benutzen. Gehe mit deinem Hund in die Stadt und lasse dich von deinem Hund überall dorthin begleiten, wo du denkst, dass er dort gut Alltagstauglichkeit erwerben kann.

Aus der Fülle der Alltagssituationen versuche ich dir im Folgenden einige zu beschreiben, damit du weißt, wie du in diesen und ähnlichen Situationen reagieren sollst. Dein Verhalten ist im Prinzip immer gleich:

Du führst deinen Hund an der normalen Hundeleine. Das Ende der Leine befindet sich in deiner rechten Hand. Dein Hund führt, nachdem du ihm das Wort „Fuß“ gesagt hast, das Kommando „Fuß!“ aus. Die Leine sollte nun in einem lockeren Bogen durchhängen, d.h. spannungslos sein.

Versuche durch dein Verhalten nicht, schwierige Situationen zu vermeiden. Dein Hund kann nur lernen, wenn du ihm gestattest, in für ihn schwierigen Situatuionen Fehler zu begehen, die du dann korrigieren kannst.

Lernmöglichkeiten suchen

Gehe auf deinen Spaziergängen nach dem Prinzip „Schwierige Lernsituationen suchen" bewusst an Joggern, Radfahrern, Pferden, Spaziergängern etc. vorbei, damit dein Hund besonders in diesen Situationen lernen und beweisen kann, dass er das Kommando „Fuß!", ebenso wie alle anderen erlernten Kommandos immer sicherer ausführt. Reagiere so, wie du es gelernt hast, wenn dein Hund die Regeln des Kommandos „Fuß!" nicht befolgt. Benutze die Kontaktsprache, das „Prinzip von Spannung und Entspannung". Eine leichte „Schüttelbewegung" mit der normalen Leine sollte ausreichen um deinen Hund wieder an die Intention des Kommandos zu erinnern: Nur „Fuß" gehen ist erlaubt!.

Kommt ein Radfahrer auf euch zu, gibst du deinem Hund das Kommando „Sitz!. Dein Hund weiß dann: „Nur Sitz!" ist erlaubt, Radfahrer jagen ist verboten." Damit kannst du der Begegnung gelassen entgegensehen. Sollte dein Hund das Kommando nicht ausreichend befolgen, stimulierst du ihn sofort an der entspechenden Kontaktstelle mit deinem Zeigefinger.

Auch bei Begegnungssituationen mit einem Jogger reagierst du ähnlich. Gib deinem Hund das Kommando „Platz!". Du signalisierst damit dem Jogger: „Von meinem Hund geht keinerlei Gefahr aus. Du kannst getrost vorbeilaufen." Dein Hund sollte das Kommando problemlos ausführen. Geschieht das nicht, musst du sofort mit deinem Finger oder der Grifftechnik Kontakt herstellen. Im Laufe der Zeit wirst du feststellen, dass dein Hund sich an Radfahrer, Jogger letztlich an alles, was sich zu jagen lohnt gewöhnt und das Interesse daran weitgehend verschwindet.

Er wird in diesen Situationen immer zuverlässiger deine Kommandos befolgen, weil er das so gelernt hat. Manchmal passiert es auch, dass du mit deinem Hund an einem eingefriedeten Grundstück vorbeigehst, auf dem plötzlich ein anderer Hund hinter dem Zaun durch lautes Bellen vehement versucht, sein Revier zu verteidigen. Dein Hund wird sich sehr wahrscheinlich angegriffen fühlen und sich abweichend von deinem Kommando auf den „Gegner" zubewegen. Auch in dieser Situation reagierst du wie bisher. Führe die „Schüttelbewegung" mit der Leine aus und erinnere deinen Hund an sein Kommando. Trainiere in der Folgezeit mit deinem Hund so lange diese Situation, bis er sie gelassen meistert und ungeachtet der Störung dein Kommando zuverlässig befolgt. Verfahre in ähnlichen Situationen ebenso. Betrachte sie nicht als unangenehm und versuche nicht sie zu vermeiden, indem du einen anderen Weg gehst, sondern würdige sie als ein positives Potential, die Alltagstauglichkeit deines Hundes zu verbessern.

Kommandos geben deinem Hund Sicherheit
Bedingt durch die große Anzahl der Alltagssituationen wird diese Phase für dich und deinen Hund eigentlich nie beendet sein. Auch du wirst in deinem Leben immer wieder vor neue Herausforderungen gestellt und musst lernen, angemessen darauf zu reagieren. Dieses Lernen hört nie auf; es findet ein ganzes Leben lang statt.

Neues macht uns oft unsicher, bereitet uns auch manchmal Angst, weil wir denken, einer neuen Herausforderung nicht ausreichend gewachsen zu sein. Die Vorstellung, plötzlich allein auf einer großen Bühne zu stehen und von vielen hundert Zuschauern beobachtet zu werden erfüllt dich sicherlich mit Sorge. Eine sofortige Entspannung träte ein, wenn eine zweite Person auf die Bühne käme und dir Anweisungen gäbe, die du auch gut ausführen könntest. Die Anweisungen dieser Person musst du vergleichen mit einer rettenden Brücke, so dass du nach getaner Arbeit über diese die Bühne wieder elegant verlassen kannst. Die zweite Person hat dir dabei geholfen.

Deinem Hund ergeht es ähnlich. Auf der Bühne des Alltags muss er sich ständig auf neue Situatuonen einstellen. Auch ihm sind neue und unbekannte Situationen unangenehm, teilweise machen sie ihm auch Angst. Deshalb ist es wichtig, dass du, so wie dir die zweite Person auf der Bühne geholfen hätte, ihm ebenfalls zur Seite stehst. Gib deinem Hund also eine Anweisung!

Ein Pferd, das den Weg deines Hundes auf einem eurer Spaziergänge kreuzt, stellt für deinen Hund wahrscheinlich eine Bedrohung dar, wenn er Pferde noch nicht kennt. Er wird sicher laut bellend auf das Pferd zulaufen, um es zu vertreiben. Damit versucht er, die Bedrohung durch eine eigene Drohgebärde abzuwenden. Diese Reaktion muss dein Hund nicht lernen. Er beherrscht sie von Natur aus. Da es sich dabei um eine Reaktion handelt, die wir als nicht angemessen bezeichnen müssen, muss an dieser Stelle wohl nicht besonders betont werden.

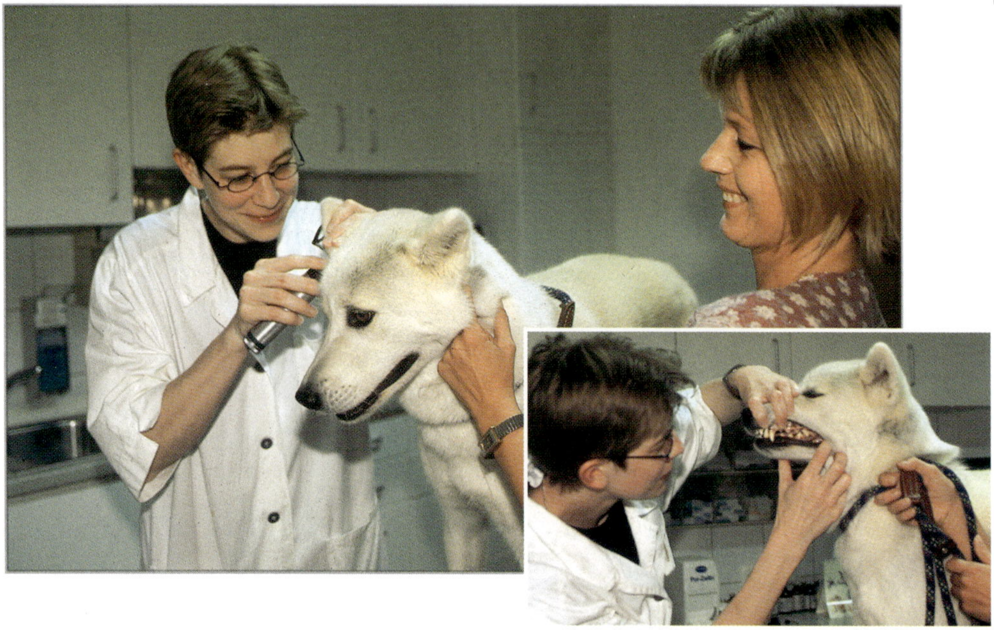

Eine angemessene Reaktion für deinen Hund wird möglich, wenn du ihm als „Chef!" dabei behilflich bist. Dein Hund beherrscht ja das Kommando „Fuß!"[28] Du solltest es in dieser Situation auch gebrauchen. Die Ausführung dieses Kommandos, sowie aller anderen, die dein Hund bisher gelernt hat, bzw. noch lernen soll, werden ihm helfen, in dieser und in vielen ähnlichen Situationen „cool" zu bleiben. Dein Hund wird in dieser Phase deshalb die konkrete Erfahrung machen:

[28] Denke daran, dieses Kommando mit der normalen Hundeleine abzusichern.

Wenn mein „Chef" „Fuß!" sagt, und ich das tue, kann mir nichts passieren.

Du gibst deinem Hund durch die Anweisung „Fuß!", „Sitz!" oder „Platz!" die Sicherheit, die er benötigt, um ihm unbekannte Situationen zu bewältigen. Mit weiterer Übungspraxis in dieser Phase wird dein Hund zunehmend selbstsicherer in Alltagssituationen reagieren. Er hat ja die Erfahrung gemacht, dass du ihm als zuverlässiger „Chef" in neuen, unbekannten Situationen hilfst. Du wirst sogar nach einiger Zeit bemerken, dass dein Hund von sich aus beginnen wird, in für ihn neuen Situationen deine Nähe und Führung zu suchen.

Zusammenfassung:

Die praktische Arbeit in der Alltagsphase hat für deinen Hund einen bedeutenden Stellenwert.

Durch ausdauernde Übung vermittelst du deinem Hund folgende Einstellungen:

- **Wenn ich das tue, was mein „Chef" mir sagt, kann mir nichts passieren.**
- **Weil mir nichts passieren kann, brauche ich auch keine Angst zu haben.**
- **Ohne Angst kann ich in neuen Situationen gut lernen und Erfahrungen machen.**
- **Da ich mich auf meinen „Chef" verlassen kann, vertraue ich ihm auch.**

Deine neue Position und wie du sie absicherst

Im Verhältnis zu deinem Hund hat sich an dieser Stelle ein bedeutender Wandel vollzogen. Deine Position als „Chef" hat eine neue Qualitätsstufe erreicht. Warst du bisher für deinen Hund als „Chef" nur Respektsperson, so bist du nun eine Person seines Vertrauens geworden. In eurem Verhältnis hat sich ein Wandel vom „SIE" zum „DU" vollzogen.
Diese Einstellung kann dein Hund gewinnen, weil er im Rahmen deiner Ausbildung ausschließlich positive Erfahrungen macht und sicher ist, dass er sich auf dich verlassen kann.

In diese Position bist du gekommen, weil du mit deinem Hund fleißig gearbeitet hast und Fleiß durch die Methode „Contakt your Dog" auf natürliche Art und Weise belohnt wird.

Vertrauen ist ein kostbares Geschenk, das du hegen und pflegen solltest. Pass also auf, dass du es nicht wieder verlierst. Da die Alltagsphase für deinen Hund nie beendet sein wird, ist sie auch für dich nie zu Ende. Immer wieder erwartet dein Hund, weil er das so gelernt hat, von dir Anweisungen. Er stellt dir immer wieder die Frage: „ Was soll ich tun?" Du als aufmerksamer „Chef" solltest ihm dann eine Anweisung geben und ihm helfen. Tust du das nicht, wird dein Hund beginnen, dieses Vakuum zu füllen und selbst wieder das Kommando übernehmen.

Die Lerneinheit „Hier!"

Was das Kommando bedeutet und welchen Sinn es hat

„Hier!" bildet die letzte Übungseinheit, die dein Hund nun beginnen und erfolgreich abschließen soll. Verglichen mit der Ausgangslage in der sich dein Hund am Anfang der Ausbildung befand, wirst du nun sicher feststellen, dass du einen „neuen Hund" an deiner Leine führen kannst. Orientierte er sich zu Beginn der Ausbildung an sich selber, so sucht er nun natürlicher Weise Orientierung bei dir, weil du sein „Chef" geworden bist.

Nachdem unsere Ausbildung ausschließlich an der Leine, bzw. auf dem Kontakttisch stattgefunden hat, ist es in dieser Phase unser Ziel, den Freiraum deines Hundes so zu erweitern, dass er sich nun sicher und zuverlässig für dich auch ohne Leine bewegen kann. Es wäre falsch gewesen, das früher zu tun, denn du kannst auch dein Kind erst dann guten Gewissens in das Wasser eines Freibades lassen, wenn es gut schwimmen kann. So wie dein Kind erst schwimmen lernen muss, um sich frei im Wasser zu bewegen, muss dein Hund erst die Kenntnisse, Fähigkeiten und Fertigkeiten der Kommandos „Fuß!", „Sitz!", „Platz!" und „Steh!" erworben haben, um sich frei im Alltagsgeschehen bewegen zu können. **Lasse deinen Hund erst dann von der Leine, wenn er dir sicher gehorcht. Du besitzt in kritischen Situationen sonst keine Kontrolle.**

Mit dem Laufen ohne Leine schenkst du deinem Hund ein sehr großes Maß an Freiheit, das erforderlich ist, um ihm ein weitgehend artgerechtes Leben zu ermöglichen. Das ist für ihn dadurch gegeben, dass er gelernt hat, sich an dir zu orientieren. Es gibt nichts schöneres für einen Hundefreund als seinen Hund spielend und tobend auf einer Wiese oder einem Spaziergang freilaufend zu beobachten, gleichzeitig aber auch zu wissen: Mein Hund kommt sofort zu mir zurück, wenn es die Situation erfordert. Das Kommando „Hier!" macht also deine Hundeleine weitgehend überflüssig und schenkt dir und deinem Hund größtmögliche Freiräume.

Ich hoffe, du bist nun hinreichend motivert, den letzten Schritt der Grundausbildung mit deinem Hund und mir zu gehen.

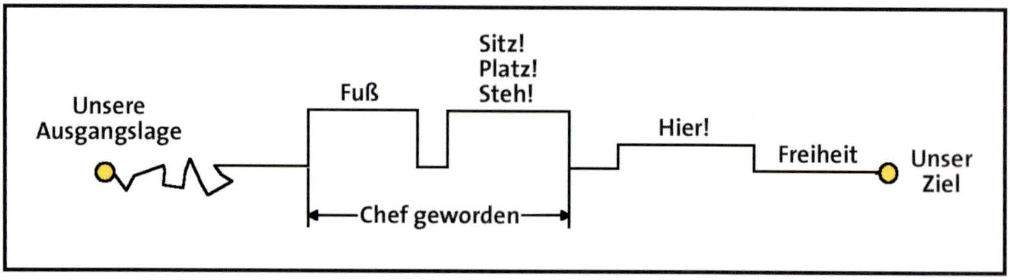

Der Weg deines Hundes in seine Freiheit

Was dein Hund am Ende der Lerneinheit können soll. (Endziel)

Damit steht unser Ziel fest: Wenn du das Kommando „Hier!“ benutzt, bedeutet das für deinen Hund, dass er ohne Verzug und auf kürzestem Weg zu dir zurückkommen soll, weil es die momentane Situation erforderlich macht.
Er soll das tun, immer – überall – und in jeder Situation. Es ist für ihn dann verboten, stehen zu bleiben, Umwege zu machen und evt. all das zu tun, was die Ausführung des Kommandos behindert. Mit der Auflösung des Kommandos „Lauf!“ gibst du deinem Hund seine Freiheit zurück.

Die Schleppleine als Kommunikationsmedium

Das Kommando wird mit Hilfe einer sogenannten Schleppleine eingeführt. Sie ist nichts anderes, als eine gewöhnliche, handelsübliche, kunststoffummantelte Wäscheleine.
Die Schleppleine ist ca. 15 Meter lang; an ihrem einen Ende befestigst du einen Karabinerhaken. Der Durchmesser der Leine und die Größe des Karabinerhakens sollte auf die Größe deines Hundes abgestimmt sein. Besitzt du einen großen Hund, solltest du eine dicke Leine und einen großen Karabinerhaken wählen. Ist dein Hund klein, so benutze eine dünne Leine mit einem kleinen Karabinerhaken.

Wie die Schleppleine beschaffen ist

Wenn du die frisch gekaufte Wäscheleine auspackst, hat diese sich im allgemeinen so an den Verpackungszustand gewöhnt, dass sie zunächst für dich unbrauchbar ist. Die neue Wäscheleine muss zunächst geglättet werden. Das kannst du dadurch erreichen, dass du sie zunächst für ein bis zwei Tage mit einem Gewicht beschwert zwischen zwei Bäume spannst.
Wichtig ist, dass sich in der Leine keine Knoten und Schlaufen befinden. Knoten und Schlaufen können besonders gefährlich für dich sein, wenn sie sich am Ende der Schleppleine befinden. Du musst die Leine ja anfassen, evt. auch, wenn sich dein Hund bewegt. Knoten und Schlaufen könnten dann zu unangenehmen Handverletzungen führen. Nachdem du an dem einem Ende der inzwischen geglätteten und knotenfreien Wäscheleine den Karabinerhaken befestigt hast, ist deine Schleppleine einsatzbereit.

Wie du mit der Schleppleine umgehst und wie sie wirkt

Wie der Name es schon andeutet, die Schleppleine schleppt dein Hund hinter sich her. Deshalb sollte sie eigentlich fast immer auf der Erde liegen und sich nicht in deiner Hand befinden. Du solltest sie wirklich nur dann ergreifen, um deinem Hund das Kommando „Hier!“ zu geben, bzw. um das Kommando abzusichern. Danach sollte die Schleppleine sofort wieder auf der Erde liegen. In den einzelnen Lernphasen werde ich dir den Umgang mit der Schleppleine noch genauer beschreiben.

Wenn du die tägliche Übung mit deinem Hund beendet hast, solltest du die Schleppleine nicht eng aufwickeln. Es hat sich bewährt, diese entweder auf deiner Wiese lang ausgestreckt liegen zu lassen oder beim Aufwickeln sehr große Schlaufen , ähnlich wie bei einem Lasso zu wählen.

Wie die Schleppleine angelegt wird

Den Karabinerhaken der Schleppleine befestigst du am Halsband deines Hundes. Der Sitz seines Halsbandes sollte so eingestellt sein, dass du es deinem Hund nicht über den Kopf ziehen kannst. Es machte den Lernerfolg deines Hundes zunichte, wenn du versuchst auf dem Kommando „Hier!“ zu bestehen, dein Hund aber in diesem Moment die Möglichkeit hat, die Stimulation dadurch zu beenden, dass er sich durch eine geschickte Ausgleichsbewegung befreien kann, nur weil du ein schlecht sitzendes Halsband verwendet hast.

Die Wirkung der Schleppleine

Der Lernraum für deinen Hund ist zunächst die große Hundewiese, die du auch beim Erlernen des Kommandos „Fuß!“ gewählt hast. Eine Wiese eignet sich deshalb hervorragend, weil du dort keine Hindernisse vorfindest, die deinen Hund gefährden könnten. Der Freiraum deines Hundes wird zunächst durch die Länge der Schleppleine begrenzt. Sie ermöglicht es dir den erforderlichen Kontakt zu deinem Hund herzustellen und das gewünschte Kommando „Hier!“ abzusichern[29]. Den Kontakt zu deinem Hund stellst du her, indem du mit der Schleppleine eine leicht zu dir ziehende Schüttelbewegung ausführst, so wie dir das von der Fußarbeit her bekannt ist. Da dein Hund in dieser Phase der Ausbildung auf sensibelste Stimulationen reagieren wird, wird er auch den Spannungszustand auflösen, indem er schnell zu dir kommt.

Zusammenfassung

- **Lernort für deinen Hund ist eine Wiese ohne Hindernisse.**
- **Durch die Begrenzung der Schleppleine wird die Lernumgebung deines Hundes übersichtlicher.**
- **Der Kontakt zu deinem Hund erfolgt in der bekannten Kontaktsprache: leicht ziehende Schüttelbewegung.**
- **Die leicht zu dir ziehende Komponente der Schüttelbewegung gibt deinem Hund eine mögliche Hilfestellung auf seinem Lernweg.**

Kleinigkeiten mit großer Wirkung:

Worauf du bei der Schleppleine besonders achten musst

Erst stoppen dann greifen

Es kann Situationen geben, die es erforderlich machen, in die Schleppleine zu greifen, wenn dein Hund sich in Bewegung befindet. Bevor du die Schleppleine dann ergreifst, solltest du diese zunächst mit deinem Fuß stoppen. Erst dann solltest du die Leine anfassen. Eine Brandwunde durch die Reibung könnte sonst die Folge sein. Das ist bei mir in der Praxis zwar noch nie vorgekommen. Ich möchte dich aber an dieser Stelle vor allen Eventualitäten schützen. Einige meiner Kunden arbeiten in dieser Phase auch gern mit Handschuhen. Das bietet sich natürlich dann besonders an, wenn du einen stürmischen Hund besitzt und empfindliche Hände.

Es kann nur eine geben

Neben der von mir favorisierten Wäscheleine gibt es in den Baumärkten und im Tierfachhandel auch andere lange Leinen, die deine Aufmerksamkeit in Bezug auf die Herstellung einer Schleppleine anregen könnten. Ich rate dir von all diesen Möglichkeiten ab: All diese Leinen haben den Nachteil, sich auf der Erde liegend mit Feuchtigkeit vollzusaugen. Sie werden dann sehr schwer, behindern die Bewegungsmöglichkeit deines Hundes und damit sein Lernen. Außerdem nehmen diese Leinen auch sehr stark den Schmutz auf, so dass nach einer Übungsstunde sicher die Frage berechtigt ist:
„Wer hat mehr gearbeitet? Du, oder dein Hund?“

Andere Leinen als die von mir zweckentfremdete Wäscheleine haben auch einen sehr großen Sicherheitsmangel. Durch ihre Materialeigenschaft haben sie den großen Nachteil, an Bäumen, Sträuchern und anderen Hindernissen hängenzubleiben. Das ist unangenehm, und zum Teil auch gefährlich, wenn dein Hund in einer Triebsituation weglaufen sollte. Die Materialeigenschaft der Wäscheleine ist so geschaffen, dass sie Feuchtigkeit und Schmutz abweist, ihr konstantes Gewicht behält und durch ihre glatte Struktur das Hängenbleiben verhindert.

[29] Mit Absichern meine ich: kontrollieren, korrigieren und einfordern

Die Einstiegsphase

1. Teilziel
Dein Hund soll lernen, ohne Hundeleine „Fuß!“ zu gehen. Er soll die Schleppleine kennenlernen, erste Erfahrungen mit ihr machen und deren Wirkungsweise erfahren. Er soll mit Hilfe der Schleppleine erste Strategien entwickeln, um den Spannungszustand der Schleppleine zu lösen. Auch für dich ist vieles neu: Du sollst beim Anlegen der Schleppleine auf den korrekten Sitz des Halsbandes achten und lernen, sie als Kontaktmedium zu gebrauchen.

Die praktische Arbeit
Die praktische Arbeit dieser Phase gliedert sich in drei Teile. Im ersten Teil hat dein Hund Gelegenheit, sich durch Gehen bei „Fuß“ mit der normalen Hundeleine an die Schleppleine zu gewöhnen. Im zweiten Teil lernt dein Hund das Kommando „Fuß!“ ohne Leine, weil es sich an dieser Stelle auf natürliche Weise anbietet und die Voraussetzungen dafür gegeben sind. Der dritte Teil setzt die eigentliche Arbeit an dem Kommando „Hier!“ fort.

Der erste Teil

Gewöhnung an die Schleppleine
Für die Einstiegsphase, ebenso wie für die weitere Arbeit, suchst du dir am besten eine große, von Hindernissen freie Wiese aus, auf der du konzentriert mit deinem Hund arbeiten kannst. Es sollten möglichst keine ihm bekannten Hunde oder andere Dinge in der Nähe sein, die ihn ablenken könnten.

Nachdem du deinem Hund die normale Hundeleine angelegt hast befestigst du zusätzlich die Schleppleine an seinem Halsband, sodass er sie in voller Länge hinter sich herziehen kann. Zunächst erteilst du deinem Hund das Kommando „Fuß!“. Du gehst mit ihm über die Wiese spazieren und fügst dabei auch einige Richtungswechsel ein. Das alles ist deinem Hund gut bekannt. Er hat so eine gute Gelegenheit, sich an das Gewicht der Schleppleine zu gewöhnen. Nach einiger Zeit kannst du auch das Kommando „Fuß!“ um die anderen von deinem Hund erprobten Kommandos erweitern. Dein Hund hat sich an die Schleppleine gewöhnt, wenn du beobachtest, dass er sich nicht mehr nach ihr umschaut und alle Kommandos problemlos ausführt.

Der zweite Teil

„Fuß!“ ohne Leine oder: Der erste Schritt in die Freiheit
Die Schleppleine ist somit für ihn zur Normalität geworden. Das ist genau der Zeitpunkt, den du wählen solltest, um die normale Hundeleine abzulegen.

Du nimmst statt dessen in ca. einem Meter Abstand die Schleppleine in die Hand, die restliche Leine lässt du unbeachtet hinter euch herziehen. Du wickelst die Schleppleine auch nicht in irgendeiner Form auf, damit sie nicht ihre glatte und langgestreckte Form verliert. Ohne besonderen Umstand bist du an einem Punkt angelangt, der es deinem Hund möglich macht, das Kommando „Fuß!“ ohne Leine auszuführen. Denn du besitzt die Möglichkeit während der Ausführung des Kommandos „Fuß!“, die Schleppleine einfach loszulassen. Das solltest du auch nach einer kurzen Übung tun. Du wirst bemerken, dass dein Hund auch ohne deine Verbindung zur Leine problemlos „Fuß“ gehen wird. Die Phase der Eingewöhnung hast du benutzt,

um deinem Hund das Kommando „Fuß!“ ohne Leine zu zeigen. Nun kannst du mit deinem Hund gehen, indem du ihm das verbale Kommando „Fuß!“ gibst. Du bist auch jederzeit in der Lage, das Kommando abzusichern, indem du in die Schleppleine greifst um deinen Hund über die Sprache des Kontaktes zu korrigieren.

Warum „Fuß!“ ohne Leine dieser Stelle

Bedingt durch den Prozess der inneren Wandlung hat dein Hund gelernt, sich an dir zu orientieren. Er verspürt deshalb beim Ableinen in der Regel wenig Drang, sich von dir zu entfernen. Ja, teilweise wirst du bemerken, dass er sogar zu sehr an dir „klebt“, weil er darauf wartet, von dir Anweisungen zu erhalten. Das ist für dich eine gute Voraussetzung, ihn nun von seiner Leine zu befreien. Du wirst beobachten, dass das Kommando „Fuß!“ ohne Leine[30] von ihm problemlos befolgt werden wird. Im weiten Verlauf der Ausbildung wirst du die Kommandos „Sitz!“ und „Platz!“ benutzen können, um deinen Hund wieder von dir zu lösen. Dein Ziel ist seine Freiheit, kontrolliert durch deine Kommandos, um Alltagssituationen zu bestehen.

Der dritte Teil

Das Kommando „Fuß!“ solltest du zunächst eine Weile mit nachhängender Schleppleine üben, so lange, bis es gut funktioniert. An dieser Stelle setzt dann wieder für dich und deinen Hund die konkrete Übung des Kommandos „Hier!“ ein. Du beginnst mit einer Fußübung an deren Ende machst du eine Kehrtwende um 180 Grad. Danach erteilst du deinem Hund das Kommando „Platz!“. Damit hast du für die Übung des Kommandos „Hier!“ eine optimale Ausgangsposition geschaffen:

Dein Hund blickt in dieser Position auf das Ende der Schleppleine. Du entfernst dich nun von ihm, sodass du abschließend in einer Entfernung von etwa zwei bis drei Meter auf deinen Hund blickend neben der Schleppleine stehst.

Die direkte Verbindung zum „Chef“

Dann ergreifst du die Leine und bringst sie in eine Position, damit sie die kürzeste Verbindung zwischen dir und deinem Hund darstellt. Achte darauf, dass du bei diesem Vorgang keine Leinenspannung erzeugst. Dein Hund wird das Kommando „Platz!“ so lange ausführen, bis du es durch ein andes ersetzt. Insofern könnte er eine zu früh erzeugte Leinenspannung falsch verstehen. Die Schaffung der direkten Verbindung und relativen Nähe zu deinem Hund ergibt sich für dich aus folgenden Überlegungen:

- **Dein Hund soll lernen, die Spannung der Schleppleine aufzulösen, indem er sich auf einen direkten Weg zum „Chef!“ begibt. Das geht nur mit einer direkten Verbindung.**
- **Durch die Kürze des Weges zu dir kannst du seine Lernhandlung kontrollieren und durch die Schüttel – Zieh – Bewegung dafür sorgen, dass er keine Umwege machen kann.**

Das Erfassen der Schleppleine um sie in eine direkte Verbindung zu dir zu bringen, wird die Aufmerksamkeit deines Hundes sehr erregen, denn diese Situation ist für ihn neu. Er wird erwarten, dass gleich etwas passiert. Auf Grund dieser Erwartungshaltung ist es gut, wenn du zunächst mit der Schleppleine in der Hand eine kleine Weile abwartest, damit dein Hund die Handlung „Leine in der Hand“ nicht als das eigentliche Kommando deutet.

[30] Gemeint ist an dieser Stelle das Führen deines Hundes mit der Schleppleine

Der zweite Schritt in die Freiheit
Kommando oder kein Kommando

Für dich ergeben sich nun zwei Möglichkeiten:

1. Möglichkeit: Das Kommando ausführen!

Du löst mit einer leicht ziehenden Schüttelbewegung an der Schleppleine das Kommando „Hier!“ aus. Durch die Sprache des Kontaktes und die direkte Leinenführung wird dein Hund schnell begreifen, dass er den Zustand der Entspannung dadurch erreichen kann, indem er sich ohne Verzug auf direktem Weg zu dir begibt. Wenn dein Hund vor dir steht, gibst du ihm das Kommando „Sitz!“. Damit ist die Ausführung des Kommandos „Hier!“ abgeschlossen.

Warum „Sitz!“?

Die Sitzposition als Kommandoabschluss bei „Hier!“ hat sich bewährt. Dein Hund befindet sich in einer ruhenden Position, sodass du ihn im Falle einer Gefahr in Ruhe an die Leine nehmen kannst.

2. Möglichkeit:
Das Kommando nicht ausführen!

Du kannst die Schleppleine, nachdem du die direkte Verbindung zu deinem Hund geschaffen hast, auch wieder auf die Erde zurückfallen lassen. Dann solltest du zu deinem Hund zurückgehen und dich in Fußposition auf seine rechte Seite begeben. Nach einer kleinen Weile erteilst ihm das Kommando „Fuß!“, damit du erneut mit ihm in die Ausgangsposition für das Kommando „Hier!“ gehen kannst. Du wiederholst dann die Lernschritte, so wie ich diese bei der ersten Möglichkeit beschrieben habe.

Die Praxis ist nicht halb so kompliziert
Ich kann dich beruhigen. Lesend hört sich das zwar etwas kompliziert an; in der Praxis ist der Handlungsablauf aber ganz einfach. Nach einigen Übungen wirst du die Übungsfolge mit schlafwandlerischer Sicherheit beherrschen. Du solltest von einem unregelmäßigen Wechsel zwischen der ersten und zweiten Möglichkeit regen Gebrauch machen.

Der Sinn ist dir sicher klar: Dein Hund soll sich nicht an einen Automatismus gewöhnen. Denn dieser mindert seine Aufmerksamkeit und verhindert sein Lernen. Der unregelmäßige Wechsel zwischen „Kommando auslösen“ und „Kommando nicht auslösen“ fördert die Qualität, mit der dein Hund am Ende die Ausführung des Kommandos beherrschen wird. Sicher ist, dass sich dein Hund nach mehrmaligem Üben in der Regel an die neue Lernsituation gewöhnt hat. Er wird sehr schnell verstehen, was das Kommando „Hier!“ für ihn bedeutet. Damit hat er zumindest auf die Distanz von ca. zwei bis drei Meter den zweiten Schritt in die Freiheit getan.

Kleinigkeiten mit großer Wirkung:
Ich sage es noch einmal ganz deutlich, weil ich die Tücken aus meiner Praxis kenne. Achte beim Herstellen der direkten Leinenverbindung zu deinem Hund und beim Aufnehmen der Leine darauf, keinen Kontakt zu machen. Mache ihn wirklich nur dann, wenn du es auch beabsichtigst. Das erfordert mit Sicherheit von dir einige Übung. Sei deshalb konzentriert und gelassen. Nimm dir ruhig Zeit, denn dein Hund bleibt ja in der eingenommenen Platzposition.

Fehler deines Hundes sind deine Fehler
Eine unbeabsichtigte Stimulation hat zur Folge, dass dein Hund dich missversteht und somit einen Fehler macht, den du zu verantworten hast. Bedenke, dass dein Hund im jetzigen Stadium der Ausbildung auf allerfeinste Stimulationen sofort reagieren wird.
Da dein Hund den großen Drang hat, zu dir zu kommen, wenn du die Leine aufnimmst, solltest du unbedingt den Wechsel zwischen den beiden Möglichkeit beachten. Die Tatsache, dass ich mich an dieser Stelle wiederhole sollte dir den hohen Stellenwert dieser Übungsvariante bewußt machen!

Deine Reaktion bei Fehlverhalten
Mit Sicherheit wird es geschehen! Dein Hund wird auch zu dir kommen wollen, ohne dass du das entsprechende Kommando eingefordert hast. Du solltest dann in Ruhe abwarten, bis er bei dir ist. Daraufhin umfasst du sein Halsband und gehst mit ihm ganz ruhig und kommentarlos wieder zu seiner Ausgangsposition zurück. Dort erteilst du ihm das Kommando „Platz!“. Die Übung beginnt dann für deinen Hund von vorn. Ich würde an deiner Stelle mit der zweiten Möglichkeit weiterarbeiten.

Die Auflösung des Kommandos „Hier!“
Das Kommando „Hier!“ löst du auf, indem du deinem Hund das Kommando „Lauf!“ gibst. Mit einem freundschaftlichen Klaps auf den Po kann dein Hund nun alle Freiheiten genießen.

Die Automatisierungsphase
Diese Phase hast du erreicht, wenn dein Hund beginnt, das Kommando „Hier!“ mit Inhalt zu füllen. Das heißt:

- **Dein Hund reagiert auf deinen Kontakt so, dass er zu dir kommt und vor dir „Sitz!“ macht.**

Auch du musst dir nicht mehr jeden Handlungsschritt überlegen. Du weißt inzwischen, wie du in der Lernsituationen zu reagieren hast.

2. Teilziel
Die weitere Arbeit deines Hundes sieht nun so aus, dass die Lernhandlung „Hier!“ automatisierter Bestandteil seines Verhaltens werden soll. Dein Hund soll mit Hilfe der Kontaktsprache bereitwillig das Kommando „Hier!“ ausführen. Er soll auf feinste Stimulation reagieren, auch dann, wenn für ihn Ablenkungsmöglichkeiten gegeben sind.

Die praktische Arbeit

Der dritte Schritt in die Freiheit

Zunächst setzt du deine Arbeit so fort, wie ich sie in der Einstiegsphase beschrieben habe. Nach einiger Zeit beginnst du, dich immer weiter von deinem Hund zu entfernen. Deine Handlungen ändern sich dabei nicht. Du erteilst dein Kommando weiterhin ohne Worte und beachtest den unregelmäßigen Wechsel zwischen dem Erteilen und Nicht - erteilen des Kommandos. Beobachte dabei genau, in wie weit der Lernerfolg deines Hundes es dir möglich macht, den Abstand zu ihm zu vergrößern. Habe dabei die nötige Geduld und überfordere deinen Hund nicht. Ein Signal der Überforderung könnte für dich sein, wenn dein Hund sehr häufig ohne entsprechende Aufforderung zu dir kommt. Dein Hund wird das nicht tun, um dich zu ärgern. Mit wachsendem Abstand hat er die berechtigte Befürchtung, er könne etwas Wichtiges von dir verpassen. Wenn das geschieht, solltest du den Abstand zu deinem Hund wieder etwas verringern, um ihm dann im Laufe der Zeit wieder allmählich auszubauen.

Kleinigkeiten mit großer Wirkung

Auch in dieser Lernphase gilt für dich:
Nimm die Schleppleine so wenig wie möglich in die Hand. Benutze sie nur, wenn dein Hund auch tatsächlich das Kommando ausführen soll. Das ist wichtig, damit du nicht mit seiner Aufmerksamkeit spielst. Seine Aufmerksamkeit erwartet von dir eine angemessene Reaktion. Wenn die dann nicht von dir kommt, führt das unweigerlich zu Missverständnissen. Ein Zustand, den du durch den Lehrgang dieses Buches eigentlich beseitigen möchtest.

Die Verknüpfungsphase

Mit der Phase der Verknüpfung kannst du beginnen, wenn für deinen Hund das Kommando „Hier!“ natürlicher Bestandteil seines Verhaltens geworden ist. Das bemerkst du daran, dass er ohne zu zögern auf feinsten Kontakt, auch bei Ablenkung, das Kommando „Hier!“ ausführt.

Nach einiger Zeit wirst du abschließend den gesamten Spielraum der Schleppleine nutzen können. Damit hat dein Hund den dritten Schritt in seine wohl strukturierte Freiheit getan. Er befolgt das Kommando „Hier!“ obwohl du dich in einer Entfernung von 15 Metern zu ihm befindest. Es wird nun Zeit, Situationen aufzusuchen, die deinem Hund Ablenkung ermöglichen. Damit erlernt er das Kommando auf einer anspruchsvolleren Ebene. Du solltest Spielgegenstände auf der Wiese verteilen und Kontakt zu anderen Hunden suchen. Möglich ist auch, dass du mit deinem Hund spazieren gehst und mit Hilfe und Absicherung durch die Schleppleine das Kommando „Hier!“ übst.

3. Teilziel

Nun soll dein Hund lernen, auf das Wort „Hier!“ ebenso zu reagieren, wie auf den eingeübten Kontakt mit der Schleppleine. Weil dein Hund das Kommando „Hier!“ auf der Ebene des Kontaktes bereits ausgezeichnet beherrscht, wird es ihm nicht besonders schwer fallen, das Wort „Hier“ mit der inzwischen gelernten Kommandohandlung zu verknüpfen.

Die praktische Arbeit

Für den Beginn dieser Lernphase wählst du dir als Lernort zunächst wieder deine bekannte Übungswiese aus. Sie sollte deinem Hund zunächst möglichst keine Ablenkung bieten, damit er sich ganz auf seine neue Lernsituation einstellen und konzentriert arbeiten kann. Zum Warmwerden machst du mit deinem Hund eine Fußübung mit angelegter Schleppleine. Nach einer Kehrtwende um 180 Grad erteilst du ihm das Kommando „Platz!“ und straffst in einer Entfernung von ca. 3 Metern zu deinem Hund die Schleppleine, ohne einen Kontakt auszulösen. Du befindest dich damit in der Ausgangsposition.

Gleichzeitig schütteln und rufen

Du machst nun Kontakt zu deinem Hund durch die bekannte Schüttelbewegung und rufst gleichzeitig das verbale Kommando „Hier!“. Das solltest du eine Zeit lang mit deinem Hund üben, dabei aber immer wieder auf den Wechsel zwischen dem Ausführen und Nicht – Ausführen des Kommandos achten, um keinen Automatismus in den Handlungsablauf zu bringen.

Erst rufen, dann schütteln

Nachdem du feststellen kannst, dass das bei deinem Hund gut funktioniert, änderst du die Reihenfolge. Du rufst erst das verbale Kommando „Hier!“ und mit einer zeitlichen Verzögerung von ca. einer Sekunde machst du zusätzlich Kontakt durch eine leichte Schüttelbewegung. Die Änderung der Reihenfolge bewirkt, dass dein Hund deine Schüttelbewegung vermeiden kann, indem er das Kommando „Hier!“ sofort ausführt. Das wird dein Hund sehr schnell begreifen, denn er ist durch seine bisherige Ausbildung hinreichend sensibilisiert. Er wird nach kurzer Zeit ausschließlich auf dein verbales Kommando reagieren, sodass deine Schüttelbewegung schnell überflüssig wird. Zur Absicherung solltest du zunächst noch für kurze Zeit die Schleppleine in der Hand behalten, um bei einem Regelverstoß nach dem Gesetz des Timings unmittelbar reagieren zu können.

Nur noch rufen
Wenn du bemerkst, dass dein Hund das Kommando „Hier!“ ausschließlich mit Hilfe deiner verbalen Anweisung befolgt, kannst du allmählich beginnen, den Abstand zu deinem Hund erweitern. In Intervallen von zwei bis drei Metern solltest du nach kurzer Zeit die Entfernung zu deinem Hund auf 15 Meter vergrößert haben. Damit hast du das Ende der Schleppleine erreicht.

Das Ziel dieser Phase hast du erreicht, wenn du rufst, und dein Hund bereitwillig zu dir kommt.

Kleinigkeiten mit großer Wirkung:

Brüllen verboten!
Die Aufmerksamkeit deines Hundes ist inzwischen so weit geschult, dass er dich in dieser Ausbildungsphase dauerhaft mit seinen Augen fixieren wird. Ein leises „Hier!“ wird in der Regel ausreichen, das gewünschte Kommando auszulösen. Du weißt, dein Hund kann bestens hören, viel besser als wir Menschen. Deshalb ist nach der Ausbildung „Contakt your Dog“ das Brüllen verboten. Solltest du feststellen, dass dein Hund noch Probleme hat, gehst du, wie du es bereits kennst, zunächst in der Ausbildung einen Schritt zurück. Deine Lösung ist dann die Wiederholung von Elementen der Automatisierungsphase.

Die Alltagsphase
Die Alltagspase des Kommandos „Hier!“bildet sowohl den Abschluss als auch den Höhepunkt unserer Ausbildung: Dein Hund bekommt im Laufe dieser Ausbildungsphase ein großes Stück seiner geliebten und für ihn so wichtigen Freiheit zurück! Das wurde möglich durch viel Erziehungsarbeit. Aus deinem Hund ist nun ein zuverlässiger Partner geworden, dem du vertrauen kannst. So wie er gelernt hat, dir zu vertrauen. Du kannst sehr sicher sein, dass dein Hund die ihm nun möglichen Freiräume genießen wird, aber auch sofort zu dir zurückkehren wird, wenn du es verlangst. Du wirst feststellen, dass du auf deinen Spaziergängen, überall da, wo es möglich ist, keine Leine mehr benutzen musst.

4. Teilziel (Endziel)
Dein Hund soll in dieser Lernphase das Kommando „Hier!“ immer, überall und in jeder Situation ausführen. Er soll das so lange tun, bis du dieses Kommando durch ein anderes ablöst oder durch die Freigabe „Lauf!“ auflöst. Dieses Ziel hat dein Hund erreicht, wenn er über einen Zeitraum von etwa vier Wochen das Kommando „Hier!“ in Alltagssituationen problemlos befolgt.

Die praktische Arbeit

Die Erprobung des Kommandos „Hier!“ unter den Bedingungen des Alltags beginnt für dich und deinen Hund auf einer großen Wiese. Dort können sich nun viele Ablenkungsgegenstände, andere Hunde und auch unbekannte Menschen befinden. Du benutzt zur Absicherung des Kommandos immer noch die Schleppleine. Eine Übung beginnt zum Beispiel damit, dass du deinen Hund auf der Wiese frei laufen lässt. Möglicherweise schnüffelt er herum, oder er spielt mit einem anderen Hund. Du begibst dich an das Ende der Schleppleine, rufst deinen Hund mit dem Kommando „Hier!“ und hast in dieser Situation zwei Möglichkeiten:

1. Möglichkeit:

Dein Hund kommt sofort, wie er es gelernt hat. Dann kannst du die Schleppleine ignorieren.

2. Möglichkeit:

Dein Hund kommt nicht so, wie er es gelernt hat (zögerlich, auf Umwegen oder gar nicht), dann musst du die Schleppleine aufnehmen und nach dem Gesetz der Konsequenz einsetzen. Du holst deinen Hund auf kürzestem Weg mit der Leine zu dir. Damit hast du dein verbales Kommando „Hier!“ abgesichert.

Nach meinen Erfahrungen wird die zweite Möglichkeit für dich und deinen Hund kaum noch in Betracht kommen. Sollte das nach einiger Zeit so sein, ist es für dich die Zeit gekommen, dich mit deinem Hund nach anderen Lernsituationen umzusehen.

Andere Lernmöglichkeiten suchen

Du weißt Alltagstauglichkeit erwirbt dein Hund nur in der realen Alltagssituation. Deshalb sind Spaziergänge in freiem Gelände mit viel Ablenkung eine gute Möglichkeit die Ausführung des Kommandos zu vervollkommnen. Du kennst am besten das Gelände und die Möglichkeiten, die dir deine individuelle Umgebung bietet. Wie bei den vorhergehenden Kommandos solltest du wieder jede schwierige Situation als gute Lernsituation für deinen Hund werten. Versuche nicht ihr auszuweichen, sondern sie mit deinem Hund zu meistern. Ich weiß, du bist in dieser Sache mit deinem Hund schon viel sicherer geworden.

Der letzte Schritt in die Freiheit

Mit zunehmender Übung und Erfahrung in unterschiedlichsten Alltagssituationen wirst du nach einiger Zeit feststellen, dass die Schleppleine für deinen Hund überflüssig wird. Dann solltest du sie deinem Hund auch abnehmen. Damit hast du das Endziel dieser Lernphase erreicht.

Lernen hört nie auf

An dieser Stelle hat dein Hund einen sehr hohen Ausbildungsstand errreicht. Du weißt sicher von deinen Kindern aus der Schule, wie schnell gelernte Dinge wieder vergessen werden. Das ist vollkommen normal. So wie du mit deinen Kindern immer mal wieder das Kleine Einmaleins wiederholen musst, solltest du auch regelmäßig immer wieder mit deinem Hund alle Kommandos trainieren. Das ist für dich und deinen Hund der richtige Weg, den hohen Lernstand dauerhaft zu halten. Longlife – Learning gilt auch für deinen Hund!

Dein Hund – Wann ist er ausbildungsfähig?

Ist dein Hund noch ausbildungsfähig?
In meiner Hundeschule werde ich häufig gefragt, ob ein Hund noch nach der Methode „Contakt your Dog" ausgebildet werden kann, auch wenn er älter ist und zum Teil schon eine andere, aber nicht so erfolgreiche Ausbildung genossen hat. Auch diese Frage möchte ich dir beantworten. Einen ersten Überblick gibt dir dabei die folgende Tabelle.

Hund und Alter	Ausbildung	Ausbildungsfähig nach der Methode „Contakt your Dog"
Junge Hunde	ohne	ja
Junge Hunde	mit	ja
Ältere Hunde	ohne	ja
Ältere Hunde	mit	ja

Sind ältere Hunde noch ausbildungsfähig?

Es ist nie zu spät
Vielfach wird die Meinung vertreten, ältere Hunde seien nicht mehr lernfähig. Was Hunde bis zu einem gewissen Altern nicht gelernt hätten, könnten sie nicht mehr nachholen. Dieser Meinung muss ich widersprechen! In meiner Hundeschule werde ich täglich eines Besseren belehrt: Auch ältere Hunde absolvieren erfolgreich die Methode „Contakt your Dog!". So wie wir Menschen unser ganzes Leben lernen können und auch müssen, können auch unsere Hunde ihr ganzes Leben lang lernen. Ich habe in meiner Praxis viele Hunde ausgebildet, die schon älter als zwei bis drei Jahre, teilweise sogar bis acht Jahre waren. In den meisten Fällen waren dies Hunde, die schon ein oder mehrere anderen Hundeschulen besucht hatten und manchmal sogar als kaum oder nicht ausbildbar abgestempelt worden waren.

Sicher unterscheidet sich die Ausbildung eines älteren Hundes von der eines jungen Hundes. Sie ist etwas aufwändiger und dauert natürlich auch länger. Uns Menschen fällt das Lernen mit zunehmendem Alter ebenfalls schwerer. Ein Hund, der acht Jahre lang sein eigener „Chef" war, verlässt nur ungern diese Position dies versteht sich von selbst.

Beispiele aus der Welt der Menschen gibt es da zu genüge. Unseren Hunden ergeht es nicht anders.
Da du durch die Methode „Contakt your Dog" mit dem Hund auf einer Sprachebene kommunizierst, die er versteht und akzeptiert, ist auch bei Hunden fortgeschrittenen Alters eine Ausbildung nach meiner Methode uneingeschränkt möglich.

Die Rasse spielt keine Rolle
Menschen lernen unterschiedlich schnell. Bei unseren Hunden ist es ähnlich. Es gibt rassebedingte Unterschiede, die festlegen, ob sich ein Hund schwerer oder leichter ausbilden läßt. Grundsätzlich stelle ich aber fest: Jeder Hund, egal welcher Rasse, lässt sich erfolgreich ausbilden. Auch zwischen den Hunden gleicher Rasse gibt es individuelle Unterschiede. Diese Unterschiede sind grundsätzlich bedingt durch

- **die Rasse**
- **das Geschlecht**
- **das Alter**
- **den individuellen Charakter und**
- **der individuellen Vorerfahrung**

des Hundes. Die Kunst deiner Ausbildung besteht darin, den individuellen Charakter deines Hundes zu berücksichtigen und seine Ausbildung darauf abzustimmen. **Grundsätzlich läßt sich jeder Hund nach der Methode „Contakt your Dog" ausbilden. Auch dein Hund!**

Der junge Hund – Beginn der Ausbildung
Je jünger der Hund, desto einfacher gestaltet sich in der Regel auch seine Ausbildung. Junge Hunde sind noch nicht so fest geprägt und damit viel offener für neue Lernerfahrungen. Sie sind in diesem Alter wie unsere Kinder geradezu lernbegierig. Das ideale Alter für den Beginn der Ausbildung nach der Methode „Contakt your Dog" beginnt im Idealfall mit cirka **acht bis zehn Monaten**, mit dem Ende der Welpenzeit. Besonders günstig auf die Ausbildung wirken sich dabei die **Vorerfahrungen** aus, die dein junger Hund in seiner Zeit als Welpe gemacht hat.

Dein Welpe, richtig vorbereitet
Bevor unsere Kinder in die Schule gehen, besuchen sie in der Regel einen Kindergarten, denn es hat sich, nicht zuletzt durch die allseits bekannte Pisastudie, herausgestellt, dass die im Kindergarten gemachten Erfahrungen für unser Kinder im Hinblick auf die weitere schulische Entwicklung von großer Bedeutung sind. Man weiß, dass dort Versäumtes später kaum noch nachzuholen ist. Ziel des Kindergartens ist es, unsere Kinder **schulfähig** zu machen. Das bedeutet, unsere Kinder sollen dort alle Fähigkeiten, Fertigkeiten und Kenntnisse erwerben, die sie benötigen, um erfolgreich in der Schule starten zu können. Zwischen Schule und Kindergarten besteht ein allerdings großer Unterschied: Während die Schule gezielt ausbildet, erwerben die Kinder im Kindergarten ihre schulischen Voraussetzungen auf mehr spielerische Art und Weise. Zwischen unseren Kindern und der Entwicklung deines Welpen gibt es in diesem Zusammenhang viele Parallelen. Auch dein Hund sollte unbedingt in seiner Lebensphase als Welpe die Möglichkeit haben, in einer Hundeschule den Kindergarten für Welpen zu besuchen. Im „Welpenkindergarten" hat dein Hund die Möglichkeit, ausbildungsfähig zu werden. Dort werden für deinen Hund die Grundlagen gelegt und geprägt, die für sein gesamtes späteres Leben eine große Bedeutung haben. Deshalb werden auch Schäden und Fehler, die dort begangen werden, dich und deinen Hund ein ganzes Leben lang begleiten. Damit du deinen Hund in dieser Lebensphase vor diesen Fehlern bewahrst, möchte ich dir einige Hinweise geben, die du in der Welpenzeit und bei der Auswahl des Welpenkindergartens beachten solltest.

Nicht zu früh ausbilden

Der häufigste Fehler, der im Zusammenhang mit Welpen begangen wird, ist der, dass viel zu früh mit der eigentlichen Hundeausbildung begonnen wird. Schon vor dem vielfach gebrauchten Ausdruck „Welpenschule“ sei gewarnt. Dein Welpe ist noch ein Hundbaby. Menschenbabys werden ja aus guten Gründen auch nicht von uns in die Schule geschickt! So wie es Krabbelgruppen, Spielnachmittage und Kindergärten etc. für unsere Kleinkinder gibt, solltest du mit deinem Hundebaby nicht eine Welpenschule, sondern einen Welpenkindergarten besuchen.

Erkundige dich deshalb, bevor du mit deinem Welpen eine betreffende Institution besuchst über ihre Inhalte und Aktivitäten. Sollte bei dir der Eindruck entstehen, dass dein Welpe schon sehr frühzeitig an die Kommandos herangeführt werden soll, rate ich dir dringend zu größter Vorsicht. Unsere Kinder lernen das Lesen, Schreiben und Rechnen erst in der Schule und nicht im Kindergarten. Das hat einen guten Grund: Denn erst im Alter von etwa sechs Jahren, mit Schulbeginn, sind sie in ihrer körperlichen und geistigen Entwicklung so weit, das sie diese Aufgaben auch angemessen erledigen können.

Deinem Welpen ergeht es da nicht anders, auch er benötigt entsprechende körperliche und geistige Voraussetzungen, um den Lernanforderungen eines Kommandos gewachsen zu sein. Der zu frühe Beginn würde deinen Welpen hoffnungslos überfordern und auch frustrieren. Irreparabele Entwicklungsschäden wären die Folge.

Welpenprägespiele
Die angemessene Vorbereitung

Eine gute Voraussetzung um deinen Hund ausbildungsfähig zu machen, bilden Welpenprägespiele. Sie sind der Entwicklung deines Welpen angemessen und bilden eine ausgezeichnete Grundlage für seine spätere Entwicklung. Spielende Hunde sind lernende Hunde. Besonders geeignet für die Entwicklung deines Welpen sind Lernelemente aus dem Programm der schweizer Firma Kynologos die deinem Hund vielfache Spielmöglichkeiten in unterschiedlichen Situationen bieten. Sollten diese Elemente für das Lernen deines Welpen in deinem „Welpenkindergarten“ angeboten werden, ist das für dich und deinen Hund ein gutes Zeichen. Ich selbst benutze diese Elemente auch bei meinen Welpenprägespielen seit langem sehr erfolgreich. Zusätzlich zu diesen Elementen biete ich den mir anvertrauten Welpen eine erweiterte Lernumgebung an, die um folgende Erlebniswelten ergänzt wurden:

- **einen Dosenvorhang**
- **ein Wackelbrett**
- **Tunnel**
- **eine Wippe und eine hohe, schmale Brücke aus Gitterrosten.**

All diese Gegenstände fördern die Entwicklung deines Welpen. Sie schulen insbesondere

- **sein Sozialverhalten**
- **seine Selbständigkeit**
- **sein Selbstbewusstsein**
- **seine Sprachaufnahme**
- **seine Wahrnehmung**
- **seine Konzentration und**
- **sein Vertrauen zum Hundeführer.**

Junge Hunde, die in diesen Bereichen reichliche Vorkenntnisse besitzen, haben auch bei der späteren Ausbildung nach der Methode „Contakt your Dog“ in der Regel gute Startvoraussetzungen, denn die spätere Hundeausbildung baut auf diesen Vorkenntnissen systematisch auf.

Die Fragen deines Welpen

Die Triebfeder seines Lernens
Wenn dein Welpe mit cirka acht Wochen in deine Familie kommt, ist für ihn auf dieser Welt fast alles neu: Mit all den Dingen, die uns umgeben, den Menschen, den Tieren, den fremden Geräuschen und vielen unbekannten Situationen muss er, in der relativ kurzen Zeit seines Welpenseins, vertraut werden. Eine enorme Entwicklung, die sich in dieser Phase bei deinem Welpen vollzieht! Ihn bewegen viele Fragen, auf die er natürlich eine Antwort sucht.
Zum Beispiel:

- **Wann und wo kann ich fressen?**
- **Wo kann und darf ich pinkeln, meinen Haufen machen?**
- **Wo ist mein Schlafplatz?**
- **Welche Position habe ich in der Familie (Rudel)?**
- **Wie kann ich mich verständlich machen?**
- ...

Fragen über Fragen, deren vollständige Auflistung den Rahmen dieses Buches sprengen würde. Die Beantwortung dieser Fragen wird deinem Hund gut gelingen, wenn du ihm zu Hause und innerhalb der Welpenprägespiele Gelegenheit dazu bietest. Dein Welpe ist in dieser Lebensphase mit einem enormen Lernpotential ausgestattet, dessen Triebfeder das imitatorische Lernen ist. Wie unsere Menschenbabys lernen auch unsere Welpen dadurch, dass sie erlebte und beobachtete Handlungen nachahmen. Für Welpen ist es von großer Bedeutung, Kontakt mit anderen Hunden zu haben. Wie Menschen, sind auch unsere Hunde soziale Wesen, die der Gemeinschaft bedürfen. Nur im Kontakt mit ihr lernen sie, sich mit deren Regeln auseinanderzusetzen. Kontakt mit anderen Hunden fördert nicht nur das Sozialverhalten deines Welpen, sondern auch seine Sprachfähigkeit, seine Selbständigkeit und sein Durchsetzungsvermögen. Alles Dinge, um im späteren Hundeleben gut bestehen zu können.

Lernen mit anderen Hunden
Förderung der Sprachkompetenz
Der Welpenkindergarten bietet eine gute Gelegenheit, viele Kompetenzen deines Welpen zu fördern. In der Begegnung mit anderen Hunden wird es ihm möglich, seine hundesprachlichen Fähigkeiten weiter zu perfektionieren. Wie sonst soll dein Welpe sich hundesprachlich weiterentwickeln können, wenn du ihm in dieser wichtigen Altersphase nicht die Gelegenheit dazu gibst. Er hat ja nun keine Geschwisterkinder mehr und ist deshalb besonders auf eine Begegnung mit anderen Hunden angewiesen. Sprachliche Stagnation und Rückstand wäre die unmittelbare Folge mit dem Ergebnis, dass dein Welpe später die anderen Hunde nicht mehr richtig versteht. Erhebliche Verhaltensstörungen könnten dann die Folge sein.

Die Zusammensetzung der Spielgruppe

Förderung der sozialen Kompetenz
Bedeutsam für deinen Welpen ist die Zusammensetzung der Hundspielgruppe. Im Unterschied zu anderen Welpenkindergärten versuche ich eine altersgleiche Zusammensetzung in der Hundespielgruppe zu vermeiden. Ich bevorzuge altersgemischte Spielgruppen, in den Hunde von acht Wochen bis etwa zehn Monaten zu finden sind. Damit versuche ich im Kleinen das nachzuahmen, was Welpen normalerweise in einem Rudel erfahren. Bedingt durch die hierarchische Struktur, die sich nach einer kurzen Zeit des Kennenlernes in der Spielgruppe einstellen wird, muss sich dein Welpe zwangsweise mit den Regeln und Ritalen der Gruppe auseinandersetzen. Insofern ist nur natürlich, wenn es dabei zu kleineren, vielleicht auch mal größeren Konflikten kommt. Konflikte in der Gruppe sind dazu da, um sie zu lösen. Genau das wird dein Welpe dort auf eine artgerechte Weise lernen. Er wird dort erfahren, dass

- **die Beachtung von Regeln und die Einhaltung von Grenzen für ihn einen hohen Stellenwert hat**
- **es Hunde im Rudel gibt, vor denen man besonderen Respekt haben sollte**
- **es manchmal besser ist, sich unterzuordnen**
- **man Strategien und Techniken entwickeln muss, um sich durchzusetzen**
- **ein Platz im Rudel nur dann sicher ist, wenn man konsequent und eindeutig handelt**
- **man von älteren Hunden etwas lernen kann**

All diese Erfahrungen solltest du deinem Welpen ermöglichen, damit er zu einem selbstbewussten Junghund heranwachsen kann. Die hohe soziale Kompetenz, die er in der Spielgruppe erworben hat, wird sein späteres friedliches Zusammenleben mit andern Hunden und dem Menschen fördern. Sie wird eine gute Ausgangsbasis für seine bald anstehende Ausbildung sein.

Die Auseinandersetzung mit den unbekannten Dingen des Lebens
Schon in der Kinderstube deines Hundezüchters hat dein Welpe einige Dinge des täglichen Lebens auf spielerische Art und Weise kennengelernt. In deiner Wohnung setzt er später seine Erfahrungen fort. Sein unbändiges und natürliches Bestreben in dieser Lebensphase ist es, sich in seiner neuen Welt zu orientieren, damit er sich in ihr einordnen und auch sicher fühlen kann. Unsere Menschenbabys handeln genauso. Von Neugier getrieben stecken sie alles in ihren Mund, was sie finden. Sie gehen auf alles zu, um es zu berühren und auzuprobieren.

Die Überwindung der Angst
Durch die Auseinandersetzung mit den unterschiedlichen Dingen des Alltags und der Umwelt, der Auseinandersetzung mit unterschiedlichsten Situationen, wird dein Welpe zu einem selbstbewussten jungen Hund heranwachsen können. Du solltest ihm dazu viele Gelegenheiten bieten. Natürlich hat dein Welpe auch vor vielen Dingen Angst. Das ist ganz natürlich. Deshalb solltest du auch schon auf dieser Altersstufe nach unserem Prinzip verfahren, dass nur dann Lernfortschritte möglich sind, wenn man seine Angst besiegt. Nicht das Vermeiden beseitigt Probleme, sondern nur deren Lösung!

Du zeigst deshalb deinem Welpen, wenn er Angst vor etwas hat, wie er das Problem richtig lösen kann. Natürlich musst du dabei seinen Widerstand überwinden. Aber auch wir Menschen sind nur dann lebenstauglich, wenn wir in der Lage sind, unsere innere Schranke zu überwinden. Dein Welpe macht da keine Ausnahme. Dazu ein Beispiel:

Ein klassisches Beispiel

Wenn dein Welpe Angst hat, über eine Brücke zu gehen, löst du das Problem nicht dadurch, dass du ihn auf den Arm nimmst oder einen Weg auswählst, der über keine Brücke führt. Dein Hund wird nur dann die Erfahrung machen, dass „Brücke gehen" kein Problem ist, wenn du als „erfahrenes Alttier" ihm zeigst, wie das geht. Nimm deinen Welpen an die kurze Leine. Damit sicherst du deinen Hund ab. Nun gehst du mit ihm über die Brücke. Du wirst nach einer ein- bis zweimaligen Widerholung feststellen, dass die Überquerung einer Brücke für deinen Welpen kein besonderes Problem mehr darstellt. Es scheint mir überflüssig zu sein, an dieser Stelle noch einmal ausführlich begründen zu müssen, dass Leckerchen und Gewalt ebenfalls nicht das Problem deines Welpen lösen.

Probleme lösen und Vertrauen schaffen

Die Methode „Contakt your Dog" bevorzugt das Erziehungsmittel der natürlichen Konsequenz, die auch im Hunderudel gilt. Was der Rudelführer sagt, muss getan werden. Punkt, keine Diskussion! Im Hinblick auf die spätere Ausbildung ist es wichtig, dass du schon jetzt nach diesem Prinzip handelst.

Das Beispiel „Brücke gehen" kannst du auf viele ähnliche Situationen übertragen. Handele immer nach dem gleichen Prinzip. Versuche nie, Situationen zu vermeiden. Betrachte schwierige Situationen als wertvolle Lernsituationen für deinen Welpen. Wichtig ist, dass du diese Situationen immer ausreichend absicherst, sodass ihm auch nichts passieren kann. Im Laufe der Zeit wirst du feststellen, dass bei deinem Welpen Phasen der Unsicherheit immer seltener werden, gleichzeitig aber sein Selbstbewusstsein rasant zunimmt. Durch dein konsequentes Handeln macht er immer wieder die gleichen wichtigen Erfahrungen:

- **Ich habe einen „Chef!"**
- **Wenn ich das tue, was mein „Chef!" von mir verlangt, geht es mir nur gut.**
- **Mit meinem „Chef" kann mir nichts passieren.**
- **Ich kann zu meinem „Chef" Vertrauen haben.**
- **Zusammen mit meinem „Chef" brauche ich keine Angst zu haben.**

Lebenstauglichkeit erwerben

Diese Erfahrungen prägen natürlich das Verhalten deines Welpen positiv. Du siehst, bereits in dieser Lebensphase deines Welpen ist es wichtig für dich, methodisch klar nach unserer „Philosphie" Hinblick auf seine spätere Ausbildung zu handeln. Prüfe den Kindergarten deines Welpen dahingehend, ob er ihm viele Anregungsmöglichkeiten bietet, in Alltags- und Umweltsituationen zu bestehen. Nur das macht ihn lebenstauglich!

Gedanken zum Abschluss

Mein Weg

Vorsicht vor Irrwegen
Die Methode „Contakt your Dog“ wurde in vielen Jahren praktischer Arbeit mit unterschiedlichsten Hunden und deren Besitzern von mir erfolgreich entwickelt und erprobt. Das was ich versucht habe dir einfach, leicht verständlich und auch möglichst logisch zu beschreiben, bedeutete für mich ein hartes Stück Arbeit. Der Weg zur Methode „Contakt your Dog“ gestaltete sich manchmal recht steinig, oft wusste ich nicht, ob ich ihn so weitergehen soll und kann. Inzwischen ist es mir gelungen, meine Methode so zu perfektionieren, dass ich sie seit mehreren Jahren erfolgreich bei unterschiedlichen Hunden verschiedenster Altersstufen anwende.

Leider bin ich auf meinem Weg auch auf Unverständnis gestoßen. Das lag zum einen Teil daran, dass meine Methode durch Andersartigkeit geprägt war, zum anderen Teil wurde ich aber auch manchmal missverstanden und auch falsch zitiert. Auch du solltest berücksichtigen, das meine Methode mehr ist, als nur ein einfaches Trainigsprogramm.

Die Methode Contakt your Dog“ umfasst

- **Das Verständnis ihrer „Philosphie“**
- **Den sachgemäßen Gebrauch ihrer Lerngegenstände**
- **Den sensiblen und tierschutzgerechten Einsatz der Verfahren und Techniken**

Dein Hund ist anspruchsvoll
Nur, wer das in seiner Gesamtheit berücksichtigt, bildet nach meiner Methode aus. Ein Hund lässt sich nicht dadurch erziehen, dass du ihm gelegentlich die Kontaktleine anlegst. Meine Methode ist anspruchsvoller, dafür aber auch nachhaltiger. Sie erwartet von dir und deinem Hund vollen Einsatz, intensive und methodisch konsequente Arbeit. Als Lohn dafür bekommt dein Hund aber auch einen hohen Preis:
Die größte im Rahmen unserer Gesellschaft ihm mögliche Freiheit.

Ich hoffe durch den Beitag dieses Buches viele Mißverständnisse beseitigt zu haben, warne aber ausdrücklich vor Nachahmern dieser Methode, denen der theoretische Hintergrund fehlt, die Ausbildungsschritte verkürzen oder verfälscht durchführen. Ich distanziere mich ausdrücklich von all denen, die durch falschen Einsatz der in diesem Buch beschrieben Techniken und Werkzeuge ihren oder anderen Hunden Schäden zufügen.

Mein Angebot
Solltest du an einer Stelle glauben, mit dieser Methode in eine Sackgasse zu geraten oder etwas falsch zu machen, helfe ich dir gerne weiter. Ich biete dir ausdrücklich die Möglichkeit in solchen Situationen, mit mir Kontakt aufzunehmen[31].

Danke

Der Schluß
Bedanken möchte ich mich an dieser Stelle bei all denjenigen, die mich bewusst, teilweise auch unbewusst bei der Entwicklung der Methode „Contakt your Dog“ inspiriert und begleitet haben. Mein Dank gilt auch denjenigen, die mich ermutigt haben, dieses Buch zu beginnen und erfolgreich zu beenden. Meinen Vater Wilfried Bögeholz möchte ich besonders erwähnen, weil er unsere Hundeschule im Februar 1959 gegründet hat und mit seiner in der Praxis gewachsenen Erfahrung ihre Entwicklung immer noch mit großem Interesse verfolgt. Dank statte ich auch meiner Familie ab, die durch die Schreibarbeit viele entbehrungsreiche Wochenenden hinter sich bringen mußte, mich aber trotzdem bei diesem Projekt mit aller Kraft unterstützt hat.
Besonderen Dank gebührt meinem Mitautor Udo Nappert, der es mir durch seine erziehungswissenschaftliche Ausbildung und schulische Praxis möglich machte, meine Methode „Contakt your Dog“ so zu strukturieren und mit mir aufzuschreiben, dass sie für dich verständlich und auch leicht nachvollziehbar geworden ist.

[31] e-mailadresse: info@hundeschule-kleemann.de

Mein gesunder Hund

www.bede-verlag.de

26 Hunderassen werden dem interessierten Hundehalter in dieser modernen Reihe vorgestellt.

PRAXISRATGEBER HUNDE

Mit jedem Titel erhalten Sie auf 160 reich bebilderten Seiten einen kompletten Überblick über die Rasse, ihre Geschichte und Wesen, über Gesundheit, Erziehung, Pflegebedürfnisse, die Aufzucht und all das, was Sie noch wissen müssen.

Bestellen Sie gleich telefonisch oder im Internet! www.bede-verlag.de

Border Collie
Border Terrier
Boston Terrier
Bouvier des Flandres
Boxer
Bull Terrier
Cairn Terrier
Cavalier King Charles Spaniel
Chihuahua
Cocker Spaniel
Chow Chow
Dalmatiner
Deutsche Dogge
Deutscher Schäferhund
Deutsch Kurzhaar
Englische Bulldogge
English Springer Spaniel
Golden Retriever
Gordon Setter
Greyhound
Havaneser
Irish Setter
Irish Wolfhound
Labrador Retriever
Lhasa Apso
Malteser
Mastino Napoletano
Mops
Neufundländer
Rhodesian Ridgeback
Riesenschnauzer
Rottweiler
Saluki
Sheltie
Shiba Inu
Shih Tzu
Siberian Husky
Staffordshire Bull Terrier
Tibet Terrier
Weimaraner
Yorkshire Terrier
Zwergschnauzer
bede

MINIATLAS

Der bede MiniAtlas der FCI Hunderassen bietet Ihnen den optimalen Überblick über alle von der FCI und dem VDH (Verband für das Deutsche Hundewesen) anerkannten Rassehunde.
Gegliedert nach den 10 internationalen Rassegruppen wird jede Rasse ausführlich in Wort und Bild beschrieben.
Durch sein handliches Format und die praktische und übersichtliche Gliederung wird er zu einem ständigen Begleiter für jeden hundebegeisterten Leser

Die zehn Rassegruppen

1. Hüte- und Treibhunde
2. Pinscher, Schnauzer, Molosser
3. Terrier
4. Teckel
5. Nordische-, Jagd-, Wach- und Hütehunde, Spitze
6. Lauf- und Schweißhunde
7. Vorstehhunde
8. Apportier-, Stöber- und Wasserhunde
9. Gesellschafts- und Begleithunde
10. Windhunde

360 Seiten
über 500 Farbfotos
ISBN 3-89860-042-4
bede-Nr. MI 002

€ 26,80
€-A 27,60
sFr 47,80

DER FCI HUNDERASSEN